ビジネス・キャリア®検定試験過去問題集

解説付き

BUSINESS CAREER

経 理 3級

山田　庫平 ●全体監修

濱本　明・藤井　誠・吉村　聡 ●監　修

ビジネス・キャリア®検定試験研究会 ●編　著

一般社団法人 雇用問題研究会 ●発行

●はじめに

　ビジネス・キャリア®検定試験（ビジキャリ）は、技能系職種における技能検定（国家検定）と並び、事務系職種に従事する方々が職務を遂行するうえで必要となる、専門知識の習得と実務能力の評価を行うことを目的とした中央職業能力開発協会（JAVADA）が行う公的資格試験です。

　ビジキャリは、厚生労働省が定める事務系職種の職業能力評価基準（http://www.hyouka.javada.or.jp/）に準拠しており、人事・人材開発・労務管理、経理・財務管理から、営業・マーケティング、経営戦略、さらには、生産管理、ロジスティクスまで、全8分野の幅広い職種をカバーしていることから、様々な目的に応じた自由度の高いキャリア形成・人材育成が可能であり、多くの方々に活用されております。

　本書は、過去にビジネス・キャリア®検定試験で実際に出題された問題から各試験分野の試験区分ごとに100問をピックアップし、正解を付して解説を加えたものです。

　受験者の方々が、学習に際して本書を有効に活用され、合格の一助となれば幸いです。

　最後に、本書の刊行にあたり、ご多忙の中ご協力いただきました関係各位に対し、厚く御礼申し上げます。

令和2年12月

一般社団法人 雇用問題研究会

ビジネス・キャリア®検定試験 過去問題集 解説付き

経 理 3級

• **もくじ**

●標準テキスト及び試験範囲と本書に掲載されている試験問題の対応表

経理3級

【簿記・財務諸表】

			標準テキスト（第3版）
第1章 簿記・会計	第1節　簿記・会計の基礎	1	簿記・会計の意義と目的
		2	基礎的前提
		3	財務諸表
	第2節　簿記一巡（取引・勘定・仕訳・元帳・試算表）	1	取引
		2	仕訳
		3	元帳
		4	試算表
	第3節　基本取引の処理	1	商品売買
		2	消費税
		3	現金
		4	預金
		5	諸経費
		6	手形
		7	有価証券
		8	有形固定資産
		9	無形固定資産
		10	そのほかの税金
		11	そのほかの債権・債務
		12	資本金
	第4節　決算	1	決算手続
		2	現金実査
		3	当座預金の調整
		4	売上原価の算定
		5	貸倒引当金
		6	減価償却
		7	有価証券の評価
		8	経過勘定項目
		9	未払消費税
		10	精算表の作成
		11	未払法人税等の算定
		12	決算整理後残高試算表
	第5節　財務諸表の作成・純資産	1	帳簿決算
		2	財務諸表の作成
		3	利益剰余金の配当
	第6節　帳簿・伝票	1	証憑
		2	主要簿
		3	補助簿
		4	伝票
第2章 財務諸表の基礎	第1節　財務諸表	1	金融商品取引法における財務諸表
		2	会社法における計算書類
		3	中小企業の計算書類
		4	財務諸表のしくみ
		5	連結財務諸表のしくみ
	第2節　財務諸表の分析	1	財務諸表分析の基礎
		2	成長性分析
		3	安全性分析
		4	収益性分析
		5	キャッシュ・フロー分析
		6	1株当たり分析

＊標準テキストの章立てについては、学習のしやすさ、理解促進を図る観点から、一部、試験範囲の項目が組替・包含されている場合等があります。

試験範囲（出題項目）				本書の問題番号
A　簿記・会計	1　簿記・会計の基礎	1	簿記・会計の意義と目的	1～2
		2	基礎的前提	3
		3	財務諸表	4
	2　簿記一巡（取引・勘定・仕訳・元帳・試算表）	1	取引	5～7
		2	仕訳	8～9
		3	元帳	10～11
		4	試算表	12～14
	3　基本的取引の処理	1	商品売買	15～19
		2	消費税	20～21
		3	現金	22～23
		4	預金	24～25
		5	諸経費	
		6	手形	26～27
		7	有価証券	28～29
		8	有形固定資産	30～32
		9	無形固定資産	
		10	そのほかの税金	33～34
		11	そのほかの債権・債務	35～36
		12	資本金	
	4　決算	1	決算手続	37
		2	現金実査	38～39
		3	当座預金の調整	40～41
		4	売上原価の算定	42～44
		5	貸倒引当金	45～47
		6	減価償却	48～51
		7	有価証券の評価	52～53
		8	経過勘定項目	54～55
		9	未払消費税	56
		10	精算表の作成	
		11	未払法人税等の算定	57
		12	決算整理後残高試算表	
	5　財務諸表の作成・純資産	1	帳簿決算	58～60
		2	財務諸表の作成	
		3	利益剰余金の配当	61～62
	6　帳簿・伝票	1	証憑	63
		2	主要簿	64～65
		3	補助簿	66～70
		4	伝票	71～72
B　財務諸表の基礎	1　財務諸表	1	金融商品取引法における財務諸表	73～74
		2	会社法における計算書類	75～76
		3	中小企業の計算書類	77～78
		4	財務諸表のしくみ	79～84
		5	連結財務諸表のしくみ	
	2　財務諸表の分析	1	財務諸表分析の基礎	85～89
		2	成長性分析	90～91
		3	安全性分析	92～93
		4	収益性分析	94～95
		5	キャッシュ・フロー分析	96～98
		6	1株当たり分析	99～100

＊試験範囲の詳細は、中央職業能力開発協会ホームページ（http://www.javada.or.jp/jigyou/gino/business/keiri.html）をご確認ください。

●標準テキスト及び試験範囲と本書に掲載されている試験問題の対応表

経理3級

【原価計算】

標準テキスト（第2版）		
第1編 工業簿記と原価計算の基礎	第1章 工業簿記	1 工業経営と工業簿記 2 工業簿記と原価計算
	第2章 原価計算の目的	1 現代における原価計算の主要目的 2 財務諸表作成目的 3 経営管理目的 4 「原価計算基準」の原価計算目的およびそれと本書の原価計算目的との関係
	第3章 原価計算制度と特殊原価調査	1 原価計算制度 2 特殊原価調査
	第4章 原価の概念と分類	1 原価の概念 2 原価の分類
	第5章 原価計算の種類・手続・形態	1 原価計算の種類 2 原価計算の手続 3 原価計算の形態
第2編 実際原価計算	第1章 製造原価の費目別計算	1 材料費計算 2 労務費計算 3 経費計算 4 製造間接費計算
	第2章 製造原価の部門別計算	1 部門別計算の意義と目的 2 原価部門の設定 3 部門に集計される原価要素の範囲と分類 4 部門別計算の手続
	第3章 製造原価の製品別計算（1） －個別原価計算－	1 個別原価計算の意義 2 個別原価計算の手続 3 作業くずの評価と処理 4 仕損費の計算と処理
	第4章 製造原価の製品別計算（2） －総合原価計算－	1 総合原価計算の意義と種類 2 単純総合原価計算 3 工程別総合原価計算 4 組別総合原価計算 5 等級別総合原価計算 6 連産品の原価計算
	第5章 原価差異の算定と会計処理	1 原価差異の算定 2 原価差異の会計処理
	第6章 営業費計算	1 営業費の意義 2 営業費の分類と計算

＊標準テキストの章立てについては、学習のしやすさ、理解促進を図る観点から、一部、試験範囲の項目が組替・包含されている場合等があります。

試験範囲（出題項目）					本書の問題番号
A	工業簿記と原価計算の基礎	1 工業簿記	1 工業経営と工業簿記		1～2
			2 工業簿記と原価計算		3～4
		2 原価計算の目的	1 現代における原価計算の主要目的		5
			2 財務諸表作成目的		
			3 経営管理目的		6～7
			4 「原価計算基準」の原価計算目的		8～9
		3 原価計算制度と特殊原価調査	1 原価計算制度		10
			2 特殊原価調査		11
		4 原価の概念と分類	1 原価の概念		12～16
			2 原価の分類		17～20
		5 原価計算の種類・手続・形態	1 原価計算の種類		21
			2 原価計算の手続		22～23
			3 原価計算の形態		24～25
B	実際原価計算	1 製造原価の費目別計算	1 材料費計算		26～29
			2 労務費計算		30～33
			3 経費計算		34～36
			4 製造間接費計算		37～40
		2 製造原価の部門別計算	1 部門別計算の意義と目的		41
			2 原価部門の設定		42～43
			3 部門に集計される原価要素の範囲と分類		44
			4 部門別計算の手続		45～49
		3 製造原価の製品別計算（個別原価計算）	1 個別原価計算の意義		50～51
			2 個別原価計算の手続		52～63
			3 作業くずの評価と処理		
			4 仕損費の計算と処理		64
		4 製造原価の製品別計算（総合原価計算）	1 総合原価計算の意義と種類		65～66
			2 単純総合原価計算		67～80
			3 工程別総合原価計算		81～84
			4 組別総合原価計算		85～88
			5 等級別総合原価計算		89～90
			6 連産品の原価計算		91～92
		5 原価差異の算定と会計処理	1 原価差異の算定		93～95
			2 原価差異の会計処理		96～97
		6 営業費計算	1 営業費の意義		98
			2 営業費の分類と計算		99～100

＊試験範囲の詳細は、中央職業能力開発協会ホームページ（http://www.javada.or.jp/jigyou/gino/business/keiri.html）をご確認ください。

●本書の構成

本書は、「過去問題編」と「解答・解説編」の２部構成となっています。
ビジネス・キャリア®検定試験において過去に出題された問題から100問を
ピックアップ。問題を「過去問題編」に、各問についての解答及び出題のポ
イントと解説を「解答・解説編」に収録しています。
発刊されている「ビジネス・キャリア®検定試験 標準テキスト」（中央職業
能力開発協会 編）を併用しながら学習できるように、問題の内容に対応す
る標準テキストの該当箇所も示しています。
各ページの紙面構成は次のようになっています。

過去問題編

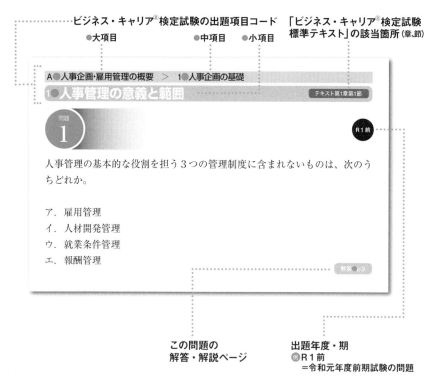

＊検定試験の出題項目コード及び標準テキストの該当箇所については、該当するものが必ず
しも単一であるとは限らないため、最も内容が近いと思われるコード、章・節を参考として
示しています。

解答・解説編

正解の選択肢

出題のポイント (この問題でどのような内容が問われているか)

A●人事企画・雇用管理の概要 ＞ 1●人事企画の基礎

1●人事管理の意義と範囲　　テキスト第1章第1節

問題 **1** 解答　　R1 前

正 解　イ

ポイント　人事管理を構成する諸制度の基本的な理解度を問う。

解 説

ア．含まれる。職場や仕事に人材を供給するための管理機能を担う。①採用管理、②配置・異動管理、③人材開発管理、④雇用調整・退職管理、のサブシステムからなる。

イ．含まれない。雇用管理を構成するサブシステムの１つである。

ウ．含まれる。働く環境を管理する機能を担う。①労働時間管理、②安全衛生管理、のサブシステムからなる。

エ．含まれる。給付する報酬を管理する機能を担う。①賃金管理、②昇進管理、③福利厚生管理、のサブシステムからなる。

人事管理の基本的な役割を担う３つの管理制度（雇用管理、就業条件管理、報酬管理）と、基盤システム、サブシステムとの連関は、次の図のとおり。

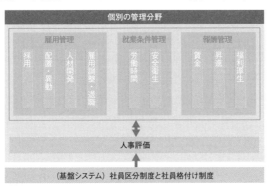

設問の各選択肢について正誤根拠を示すとともに、学習するうえで重要な点などについて解説しています。

ビジネス・キャリア®検定試験過去問題集

解説付き

BUSINESS CAREER

経　理　3級

● 簿記・財務諸表

経 理 3級
● 簿記・財務諸表

ビジネス・キャリア®検定試験
過去問題編

A●簿記・会計　＞　1●簿記・会計の基礎

1●簿記・会計の意義と目的
 テキスト第1章第1節

問題 **1** H27前

財務諸表に関する記述として不適切なものは、次のうちどれか。

ア．貸借対照表は、企業の財政状態を明らかにすることを目的として、当該企業の一定時点における全ての資産、負債及び純資産の状態を報告するために作成されるものである。

イ．キャッシュ・フロー計算書は、企業の収益性を明らかにすることを目的として、当該企業の一定時点における資金の残高を報告するために作成されるものである。

ウ．株主資本等変動計算書は、貸借対照表の純資産の部の一定期間における全ての項目の変動事由を報告するために作成されるものである。

エ．損益計算書における最終利益は当期純利益であり、一定期間における企業の事業活動の成果を示すものである。

解答　p.98

問題 **2** H26後

期間損益計算に関する記述として不適切なものは、次のうちどれか。

ア．企業が期間損益計算を行う大きな理由は、その企業の営業活動が半永久的に継続するという前提があるためである。

イ．企業の会計期間は、1年間よりも短くなることはない。

ウ．企業の損益計算は、人為的に区切られた会計期間を基準として行われる。

エ．企業の会計期間は、暦年とは必ずしも一致しない。

解答　p.98

A●簿記・会計　＞　1●簿記・会計の基礎

 2●**基礎的前提**　　　　　　　　　　　　　　テキスト第1章第1節

問題 3　

以下に示す企業会計原則「第二　損益計算書原則」一を抜粋した記述において、（　　　　）内に当てはまる語句の組合わせとして適切なものは、次のうちどれか。
ただし、（　？　）は各自で推定すること。

　損益計算書は、企業の（　A　）を明らかにするため、一会計期間に属するすべての収益と、これに対応するすべての費用とを記載して、（　？　）を表示し、これに特別損益に属する項目を加減して、（　B　）を表示しなければならない。

ア．A：当期純利益　　B：経営成績
イ．A：経営成績　　　B：当期純利益
ウ．A：経営成績　　　B：経常利益
エ．A：経常利益　　　B：当期純利益

解答 p.99

A●簿記・会計 ＞ 1●簿記・会計の基礎

3●財務諸表　　　　　　　　　　　　　テキスト第1章第1節

次の＜文章＞の中に、財務諸表に関して誤った記述をしているものは何個あるか選びなさい。

＜文章＞

・損益計算書は、主に企業の経営成績を示す財務諸表であり、標準的なフォーマットでは、最終的に繰越利益剰余金が算定される。

・貸借対照表は、主に企業の財政状態を示す財務諸表であり、計上されている金額が、いつの時点の金額であるかを明確に表示しなければならない。

・キャッシュ・フロー計算書は、主に企業のキャッシュ・フローの状況を示す財務諸表であり、複式簿記の帳簿記入によって作成される。

ア．0個

イ．1個

ウ．2個

エ．3個

解答 ●p.100

取引 テキスト第1章第2節

 H24前

以下に示す貸借平均の原理に関する記述において、（　　）内に当てはまる語句の組合わせとして正しいものは、次のうちどれか。ただし、（　？　）は各自推定すること。

（　Ａ　）において、個々の取引に基づいて、勘定に記入される借方金額の合計と貸方金額の合計とは（　？　）。したがって、全ての勘定の借方の合計額と貸方の合計額とは、当然に（　Ｂ　）。

ア．Ａ：単式簿記　　Ｂ：異なる
イ．Ａ：単式簿記　　Ｂ：一致する
ウ．Ａ：複式簿記　　Ｂ：異なる
エ．Ａ：複式簿記　　Ｂ：一致する

解答 p.101

 問題 6

 H25後

以下に示す複式簿記に関する記述において、適切なものの数は、次のうちどれか。

・複式簿記における取引要素は、資産、負債、純資産（資本）、利益及び費用の５つに分類される。
・商品を現金で購入した場合、商品という資産が増加し、現金という資産が減少するため、簿記上の取引として認識されるが、商品が盗難にあった場合は、商品という資産が減少するだけなので、簿記上の取引としては認識されない。

・仕訳による取引要素の結合関係には、1つの取引要素と1つの取引要素とが結び付く「1対1」の関係以外に、1つの取引要素と複数の取引要素とが結び付く「1対多」の関係や、複数の取引要素同士が結び付く「多対多」の関係がある。

ア．0個

イ．1個

ウ．2個

エ．3個

解答 ● p.101

以下の＜資料＞に基づき、【各勘定口座への記入】において、（　a　）〜（　d　）に当てはまる各勘定口座の名称の組合わせとして正しいものは、次のうちどれか。

＜資料＞

　神奈川商事における3月1日から3月31日までの【取引】と、それに基づく貸借対照表科目の【各勘定口座への記入】とは以下のとおりであった。ただし、（　？　）は各自推定すること。

【取引】

3月1日　現金1,000,000円を出資して、営業を開始した。

3月7日　神田銀行から現金1,000,000円を借り入れた。

3月10日　上野商店から商品400,000円を仕入れ、掛とした。

3月15日　池袋商店から商品600,000円を仕入れ、現金を支払った。

3月20日　渋谷商店へ200,000円の商品を280,000円で販売し、代金は掛とした。

3月21日　3月20日に販売した商品について、15,000円の割戻しを行うことにした。

3月25日　給料50,000円を現金で支払った。

3月28日　買掛金のうち、200,000円を現金で支払った。

3月31日　売掛金のうち、100,000円を現金で回収した。

3月31日　回収した売掛金について、期日よりも早い回収であったため、5,000円を割り引いて、返却した。

【各勘定口座への記入】（単位：円）

(?)			
3/ 1	1,000,000	3/15	600,000
3/ 7	1,000,000	3/25	50,000
3/31	100,000	3/28	200,000
		3/31	5,000

(a)			
3/20	280,000	3/21	15,000
		3/31	100,000

(b)			
3/10	400,000	3/20	200,000
3/15	600,000		

(c)			
3/28	200,000	3/10	400,000

(d)		
	3/ 7	1,000,000

(?)		
	3/ 1	1,000,000

ア．(a)：買掛金　　(b)：売掛金　　(c)：商　品　　(d)：借入金

イ．(a)：買掛金　　(b)：商　品　　(c)：売掛金　　(d)：現　金

ウ．(a)：商　品　　(b)：買掛金　　(c)：借入金　　(d)：資本金

エ．(a)：売掛金　　(b)：商　品　　(c)：買掛金　　(d)：借入金

解答 p.102

A●簿記・会計 ＞ 2●簿記一巡（取引・勘定・仕訳・元帳・試算表）

2●**仕訳**　　　　　　　　　　　　　　　　　　　テキスト第1章第2節

当期末の株主資本等変動計算書の数値に影響を及ぼさない取引は、次のうちどれか。ただし、取引は全て当期中に生じたものとする。

ア．簿価60,000千円の土地を50,000千円で売却し、代金は現金で受け取った。

イ．得意先の山口商店が倒産し、前期の売上で生じた売掛金50千円が回収不能となった。なお、貸倒引当金残高が50千円ある。

ウ．10千円の利益配当金領収証を受け取った。

エ．A社有価証券（簿価300千円）を495千円で売却し、代金は月末に受け取ることにした。

解答●p.103

以下の＜資料＞に基づいた場合、仕訳として正しいものは、次のうちどれか。

＜資料＞

遠隔地にあるA社に、商品300,000円を注文していた。本日、この商品に取り組まれた額面240,000円の荷為替手形の呈示を受けたので、これを引き受け、商品の貨物引換証を受け取った。

ア．（借）未 着 品　300,000　（貸）受 取 手 形　240,000
　　　　　　　　　　　　　　　　　　買　掛　金　　60,000

イ．（借）未 着 品　300,000　（貸）支 払 手 形　240,000
　　　　　　　　　　　　　　　　　　買　掛　金　　60,000

ウ.（借）積 送 品　　300,000　　（貸）支払手形　240,000
　　　　　　　　　　　　　　　　　　　買 掛 金　　60,000
エ.（借）積 送 品　　300,000　　（貸）受取手形　240,000
　　　　　　　　　　　　　　　　　　　未 払 金　　60,000

解答 ● p.103

3●元帳　　　　　　　　　　　　　　　　　　テキスト第1章第2節

H29前

帳簿組織に関する記述として適切なものは、次のうちどれか。

ア．仕訳帳と総勘定元帳は、どちらか一方が作成されていればよい。

イ．転記とは、総勘定元帳から仕訳帳に、仕訳を書き写す作業のことである。

ウ．仕訳帳は取引の日付順に記入され、仕訳日記帳と呼ばれることもある。

エ．総勘定元帳は口座残高を示す帳簿であることから、取引日付を記入する
　　必要はない。

解答 p.105

問題 11

H27後

以下に示す＜資料＞の12月中の取引の仕訳から、現金勘定の月末残高として
正しいものは、次のうちどれか。
なお、以下の取引以外の取引はないものとする。

＜資料＞

12月1日　現金残高100,000円

　　3日　運転資金に充てるため役員より30,000円を借り入れた。

　　5日　事務用品を購入し6,000円を支払った。

　　10日　商品を仕入れ、代金10,000円は掛とした。

　　15日　商品を売上げ、代金50,000円を掛とした。

　　20日　前月の買掛金のうち、4,000円を支払った。

　　25日　従業員の給与20,000円を支払った。

　　28日　売上代金のうち30,000円を現金で回収した。

30日　現金残高のうち5割を当座預金に預け入れた。

ア．　30,000円

イ．　65,000円

ウ．130,000円

エ．140,000円

解答 ● p.105

4●**試算表**　　　　　　　　　　　　　　　　　　　　テキスト第1章第2節

問題
12

以下に示す甲社のＸ1年12月31日における勘定口座の記入を参照して、問題12〜13に答えなさい。

現金　（単位：円）

65,000	25,000
52,000	39,000
38,000	40,000
48,000	12,000

合計残高試算表
Ｘ1年12月31日　　　　　　　　　　　　　　　（単位：円）

借　　方		勘定科目	貸　　方	
残　高	合　計		合　計	残　高
（　②　）		現　　金	（　①　）	

　上記の合計残高試算表において、（　①　）に当てはまる数字として正しいものは、次のうちどれか。

ア．87,000

イ．116,000

ウ．203,000

エ．記入すべき数字はない

解答 ●p.106

問題
13

上記の合計残高試算表において、（　②　）に当てはまる数字として正しいものは、次のうちどれか。

ア． 87,000

イ． 116,000

ウ． 203,000

エ． 記入すべき数字はない

解答 p.106

試算表に関する記述として不適切なものは、次のうちどれか。

ア．試算表における貸借合計金額不一致の原因の１つとしては、仕訳帳から元帳へ転記する際の誤りがある。

イ．試算表の貸借合計金額が一致していても、借方の金額と貸方の金額を同額ずつ誤って仕訳をした場合は、試算表の誤りは発見できない。

ウ．合計試算表が作成されていれば、一定期間に行われた取引の総額がわかるので、残高試算表を作成しなくてもよい。

エ．取引が正確に記帳されていれば、合計試算表、残高試算表とも必ず貸借が一致する。

解答 p.107

A●簿記・会計　＞　3●基本的取引の処理

1●商品売買　　　　　　　　　　　　　　　　　　　　　テキスト第1章第3節

問題
15

H29後

以下に示す＜資料＞に基づいた場合、正しい仕訳は次のうちどれか。

＜資料＞

　販売用のパソコン50台を、1台につき80,000円で仕入れ、引取運賃5,000円は現金で支払ったが、それ以外は未払いである。

ア．（借）備　　品　　4,000,000　　　（貸）買掛金　　4,000,000

イ．（借）商　　品　　4,005,000　　　（貸）未払金　　4,000,000
　　　　　　　　　　　　　　　　　　　　　　現　金　　　　5,000

ウ．（借）仕　　入　　4,000,000　　　（貸）未払金　　4,000,000

エ．（借）仕　　入　　4,005,000　　　（貸）買掛金　　4,000,000
　　　　　　　　　　　　　　　　　　　　　　現　金　　　　5,000

解答　p.108

問題
16

H27前

商品売買取引の記帳に関する記述として不適切なものは、次のうちどれか。

ア．商品売買取引の記帳方法には、分記法、総記法、三分法などがある。

イ．分記法を採用する場合は、商品販売取引の記帳時点で、商品の売上原価が把握できる必要がある。

ウ．商品を購入する際にかかる運賃等の付随費用を引取費用といい、仕入原価に含めて処理する。

エ．三分法は取引を、入金伝票、出金伝票、振替伝票に区分して記入する方法である。

解答　p.108

以下に示す<取引>の仕訳として誤っているものは、次のうちどれか。

<取引>
　A商店に商品100,000円を掛で販売し、発送運賃1,000円を現金で支払った。

ア．（借）売掛金　100,000　　（貸）売　　上　100,000
　　　　　発送費　　1,000　　　　　現　　金　　1,000
イ．（借）売掛金　100,000　　（貸）売　　上　100,000
　　　　　前払金　　1,000　　　　　現　　金　　1,000
ウ．（借）売掛金　100,000　　（貸）売　　上　100,000
　　　　　立替金　　1,000　　　　　現　　金　　1,000
エ．（借）売掛金　101,000　　（貸）売　　上　100,000
　　　　　　　　　　　　　　　　　現　　金　　1,000

解答 ●p.108

以下の<資料>に基づき、払出単価の計算方法に、「①先入先出法」と「②移動平均法」を用いた場合、それぞれにより算定される9月度における売上総利益の金額の組合わせとして正しいものは、次のうちどれか。

<資料>
9月1日　前月繰越　　10個　　@100円
　　10日　仕　　入　　40個　　@120円
　　12日　売　　上　　35個　　@150円
　　25日　仕　　入　　20個　　@130円

ア．①：1,250円　　②：1,190円

イ．①：1,250円　　②：1,300円

ウ．①：1,350円　　②：1,190円

エ．①：1,350円　　②：1,300円

解答 p.109

 H26前

以下に示す＜想定条件＞に基づいた場合、A社の当期における売上原価率として正しいものは、次のうちどれか。

＜想定条件＞

1．A社では、商品Xのみを販売している。

2．商品Xの棚卸資産残高は、期首250,000円、期末320,000円であった。

3．商品Xの当期仕入高は5,400,000円であり、その他仕入割戻50,000円、仕入割引88,000円を受けている。

4．商品Xの当期売上高は8,800,000円であった。

ア．40％

イ．41％

ウ．59％

エ．60％

解答 p.110

2●消費税

自動車の取得に関連する税金のうち、取得時に費用処理できないものはどれか。

ア．自動車取得税（令和元年10月1日以降は、環境性能割）

イ．自動車税

ウ．自動車重量税

エ．消費税

解答●p.111

次の＜資料＞のうち、一般に消費税の対象となるものの組合わせとして、正しいものを選びなさい。

＜資料＞

A．ビール券、商品券等の譲渡

B．医療費（公的な医療保険制度に基づく部分）

C．人材派遣報酬

D．配当金の受取

E．分譲住宅購入に際しての建物部分

F．自宅にある家庭の不用品をネットオークションで販売

ア．D、F

イ．C、E

ウ．B、D

エ．A、C

解答 p.111

3●現金

テキスト第1章第3節

通常の簿記において、現金勘定で処理されるものは、次のうちどれか。

ア．期日の到来した約束手形
イ．定額小為替証書
ウ．収入印紙
エ．税金還付通知書

解答 p.113

現金・預金の処理に関する記述として適切なものは、次のうちどれか。

ア．現金過不足が生じた場合には、その原因が判明する期まで、現金過不足勘定を使用して、次期に繰り越す処理を行う。
イ．決算において当座預金勘定の貸方残高は雑収入勘定に振り替える処理が必要となる。
ウ．インプレストシステムとは、小口現金を使用のつど補充し、常に一定の小口現金残高が存在するようにする仕組みのことである。
エ．小口現金出納帳は、用度係が小口現金取引のつど記入する補助簿である。

解答 p.113

A●簿記・会計　＞　3●基本的取引の処理

 ●預金　　　　　　　　　　　　　　　テキスト第1章第3節

問題
24　　　　　　　　　　　　　　　　　　　　　　　

財務諸表を作成する際に、現金過不足勘定の期末残高が借方残であった場合の処理として正しいものは、次のうちどれか。

ア．原因が明らかにならなければ現金過不足勘定を資産として処理する。
イ．原因を調査し、判明しない場合は雑損失で処理をする。
ウ．資本の引出しとみなして修正する。
エ．現金過不足勘定を現金勘定に振り替える処理をする。

解答　p.114

 問題
25　　　　　　　　　　　　　　　　　　　　　　　

次の＜資料＞に基づき、簿記上は現金として記帳する通貨代用証券の金額として、正しいものを選びなさい。

＜資料＞

紙幣	7,000円	郵便為替証書	6,000円
得意先振出約束手形	4,500円	硬貨	1,500円
収入印紙	1,000円	得意先振出小切手	2,500円
株券	10,000円	貨物代表証券	3,000円
配当金領収証	2,000円	送金小切手	4,000円

ア．10,500円
イ．14,500円
ウ．17,000円
エ．23,000円

解答　p.114

6 ● **手形**　　　　　　　　　　　　　　　　　　テキスト第1章第3節

問題 **26**　　　　　　　　　　　　　　　　　　　 H25前

以下に示す手形取引と仕訳（単位：円）との組合わせとして適切なものは、次のうちどれか。

ア．当店は、渋谷商店に現金10,000円を貸し付け、借用証書の代わりに同店振出しの約束手形を受け取った。

　　（借）受取手形　　10,000　　（貸）現　　金　　10,000

イ．目白商店振出しの約束手形20,000円が、不渡りとなったことから、償還費用500円を含め償還請求を行っていたが、本日、満期日以後の法定利息100円と共に、不渡手形代金の全額を現金で回収した。

　　（借）現　　金　　20,100　　（貸）不渡手形　　20,000
　　　　　　　　　　　　　　　　　　受取利息　　　　100

ウ．大崎商店は、約束手形5,000円の決済が困難であることから、新宿商店に対して、期日延長（延長分利息は20円）を申し入れ、手形の更改を行った。

　　（借）支払手形　　5,000　　（貸）支払手形　　5,020
　　　　支払利息　　　　20

エ．原宿商店は、掛代金50,000円の決済として、代々木商店が振出した、同額の約束手形を裏書譲渡した。

　　（借）買　掛　金　50,000　　（貸）支払手形　　50,000

解答 p.115

問題 **27**　　　　　　　　　　　　　　　　　　　 H22前

当社はＸ2年4月23日において得意先から約束手形5,000円の期日延長の申し入れを受けて、期日延長に伴う利息50円を現金で受け取るとともに手形の更

改を行った。次のうち、当該取引について最も適切な起票方法を選びなさい。

ア.

入金伝票
4月23日
受取利息　　　50

振　替　伝　票	
4月23日	
受取手形　　50	受取利息　　　50

イ.

入金伝票
4月23日
受取手形　5,050

振　替　伝　票	
4月23日	
受取手形　5,050	受取手形　5,000

ウ.

入金伝票
4月23日
受取利息　　　50

振　替　伝　票	
4月23日	
受取手形　5,000	受取手形　5,000

エ.

入金伝票
4月23日
受取手形　5,000

振　替　伝　票	
4月23日	
受取手形　　50	受取利息　　　50

解答　p.115

7●**有価証券**　　　　　　　　　　　　　　　テキスト第1章第3節

問題 **28**

 H29前

当社は、6月19日に売買目的でＡ社の社債（額面金額4,000,000円）を額面100円につき96円で購入し、代金は端数利息を含めて小切手を振出して支払った。この取引に関する仕訳として正しいものは、次のうちどれか。

ただし、Ａ社社債の利率は年利3.65％、利払日は3月及び9月の末日である。なお、端数利息は1年を365日とする日割計算による。

ア．（借）　売買目的有価証券　3,840,000　　（貸）　当座預金　3,913,000
　　　　　　有価証券利息　　　　 73,000

イ．（借）　売買目的有価証券　3,840,000　　（貸）　当座預金　3,872,000
　　　　　　有価証券利息　　　　 32,000

ウ．（借）　売買目的有価証券　3,840,000　　（貸）　当座預金　3,913,000
　　　　　　支払利息　　　　　　 73,000

エ．（借）　売買目的有価証券　3,840,000　　（貸）　当座預金　3,872,000
　　　　　　支払利息　　　　　　 32,000

解答 ●p.116

問題 **29**

 H28後

以下に示す＜資料＞に基づいた仕訳として正しいものは、次のうちどれか。

＜資料＞

　1年以内に償還期限を迎えるＡ社社債を800,000円で購入し、手数料4,000円を加算して、小切手を振出して支払った。

ア．（借）　投資有価証券　804,000　　　（貸）　当座預金　804,000

イ．（借）　投資有価証券　800,000　　（貸）　当座預金　804,000
　　　　　　支払手数料　　　4,000

ウ．（借）　有価証券　　　804,000　　（貸）　当座預金　804,000

エ．（借）　有価証券　　　800,000　　（貸）　当座預金　804,000
　　　　　　支払手数料　　　4,000

解答 ● p.116

 **8●有形固定資産**　　　　　　　　　テキスト第1章第3節

問題 **30** **H30後**

以下に示す＜資料＞に基づいた場合、A社の備品売却に関する損益として正しいものは、次のうちどれか。
ただし、過年度の償却過不足はないものとし、減価償却費は月割で計上するものとする。

＜資料＞
1．A社決算日：　　　　　　3月31日
2．備品売却価額：　　　　700,000円
3．売却日：　　　　　　X1年5月25日
4．備品取得価額：　　　1,200,000円
5．備品減価償却累計額：360,000円
6．減価償却の方法：定額法、耐用年数5年、残存価額はゼロ

ア．備品売却損　100,000円
イ．備品売却損　140,000円
ウ．備品売却損　400,000円
エ．備品売却損　500,000円

解答 p.117

問題 **31** **H26後**

固定資産に関する記述として不適切なものは、次のうちどれか。

ア．固定資産はその性質によって「有形固定資産」、「無形固定資産」、「投資その他の資産」の3つのカテゴリーに分類して表示される。

イ．一般に、土地、建物等の不動産は「有形固定資産」に分類されるが、不動産会社等が販売用に保有する土地、建物は「棚卸資産」に含まれる。

ウ．「投資その他の資産」には投資有価証券や関係会社株式など、投資目的で取得された資産や、当初から現金化されるまで1年を超える予定の債権などが表示される。

エ．当初から、製作開始から完成までに1年以上かかることが判明している製品に関わる、原材料や製作途上の仕掛品は「無形固定資産」として表示される。

解答 p.117

 問題 **32**

以下に示す＜想定条件＞に基づいた場合、固定資産売却損益の金額として正しいものは、次のうちどれか。

＜想定条件＞

営業用の自動車（取得価額 500,000 円、減価償却累計額 375,000 円）を下取りさせて、新車（購入価額 625,000 円）を購入した。

ただし、下取り価額は75,000円で、購入価額との差額は、来月末までに支払う契約とする。

ア．　　　0円
イ．　50,000円（損）
ウ．　75,000円（損）
エ．125,000円（益）

解答 p.118

10●そのほかの税金 テキスト第1章第3節

以下に示す＜資料＞に基づいた場合、A社の借り入れ時の仕訳として正しい
ものは、次のうちどれか。

＜資料＞
A社の借入条件は、以下のとおりである。

　元　　本：50,000,000 円

　借入期間：1 年間

　金　　利：年3％を借り入れ実行時に一括前払いし、実行額から控除する。

ア．（借）現金預金　　　50,000,000　　（貸）短期借入金　　　51,500,000
　　　　　支払利息　　　　1,500,000

イ．（借）現金預金　　　50,000,000　　（貸）短期借入金　　　50,000,000
　　　　　支払利息　　　　1,500,000　　　　　前払利息　　　　1,500,000

ウ．（借）現金預金　　　48,500,000　　（貸）短期借入金　　　50,000,000
　　　　　支払利息　　　　1,500,000

エ．（借）現金預金　　　48,500,000　　（貸）短期借入金　　　48,500,000

解答 p.119

A社は土地を購入し、以下に示す＜資料＞のとおり小切手を振出して支払っ
た。この取引に関する仕訳として正しいものは、次のうちどれか。

ただし、土地の取得原価については税法規定による最低金額となるよう処理
し、消費税については税込経理方式を用いるものとする。

＜資料＞

1．土地の価格　　　　　　　　　　　　20,000,000円
2．不動産取得税　　　　　　　　　　　 1,200,000円
3．登録免許税　　　　　　　　　　　　　 400,000円
4．登記に際し司法書士へ支払った報酬　　　 75,000円
5．不動産業者への仲介手数料　　　　　　 792,000円

ア．（借）土　　　地　20,792,000　　（貸）当座預金　22,467,000
　　　　　租 税 公 課　 1,600,000
　　　　　支払手数料　　 75,000

イ．（借）土　　　地　21,192,000　　（貸）当座預金　22,467,000
　　　　　租 税 公 課　 1,200,000
　　　　　支払手数料　　 75,000

ウ．（借）土　　　地　21,992,000　　（貸）当座預金　22,467,000
　　　　　租 税 公 課　　 400,000
　　　　　支払手数料　　 75,000

エ．（借）土　　　地　20,000,000　　（貸）当座預金　22,467,000
　　　　　租 税 公 課　 1,600,000
　　　　　支払手数料　　867,000

解答　p.119

11●そのほかの債権・債務　テキスト第1章第3節

問題 35　H29後

当社は、給料日に従業員に対する今月分の給料3,600,000円から、従業員の社員旅行における自己負担金、源泉所得税、社会保険料のうち適切な額を控除して残額を当座預金から支払った。この取引に関する仕訳として正しいものは、次のうちどれか。

ただし、それぞれの金額は次のとおりである。

　①従業員の社員旅行における自己負担金　100,000円
　②源泉所得税　　　　　　　　　　　　　400,000円
　③社会保険料　　　　　　　　　　　　　600,000円（うち会社負担分50%）

ア．（借）旅費交通費　100,000　（貸）従業員預り金　1,000,000
　　　　　給　　　料　3,500,000　　　　当座預金　2,600,000
イ．（借）法定福利費　300,000　（貸）従業員立替金　100,000
　　　　　給　　　料　3,600,000　　　　従業員預り金　700,000
　　　　　　　　　　　　　　　　　　　当座預金　3,100,000
ウ．（借）旅費交通費　100,000　（貸）従業員預り金　1,000,000
　　　　　法定福利費　300,000　　　　当座預金　2,600,000
　　　　　給　　　料　3,200,000
エ．（借）給　　　料　3,600,000　（貸）従業員立替金　100,000
　　　　　　　　　　　　　　　　　　　従業員預り金　700,000
　　　　　　　　　　　　　　　　　　　当座預金　2,800,000

解答●p.121

問題 36　H28前

顧客に商品500,000円を売り渡し、クレジットカード払いがなされた。当社

はクレジットカード会社に代金の請求を行っていたところ、本日、クレジットカード会社から5％の手数料を差し引いた金額が当座預金口座に入金された。この取引の仕訳として正しいものは、次のうちどれか。

ア．（借）	当座預金	500,000	（貸）売	掛	金	500,000
イ．（借）	当座預金	475,000	（貸）売	掛	金	500,000
	支払手数料	25,000				
ウ．（借）	当座預金	500,000	（貸）クレジット売掛金			500,000
エ．（借）	当座預金	475,000	（貸）クレジット売掛金			500,000
	支払手数料	25,000				

解答 p.121

A●簿記・会計　＞　4●決算

1 ●決算手続　　　　　　　　　　　　　　テキスト第1章第4節

問題
37

決算手続は以下の①～④を内容とするが、実施される順番として適切なものは、次のうちどれか。

①財務諸表の作成
②帳簿決算
③決算整理
④試算表の作成

ア．③→②→④→①
イ．②→③→④→①
ウ．④→③→②→①
エ．④→②→③→①

解答　p.122

A●簿記・会計 ＞ 4●決算

2●現金実査

テキスト第1章第4節

問題 38

一般に決算整理仕訳として行われない仕訳は、次のうちどれか。
なお、本問において未処理事項の整理は決算整理仕訳に含まないものとする。

ア．（借）減価償却費 ×××　（貸）減価償却累計額 ×××
イ．（借）仕　　　入 ×××　（貸）繰 越 商 品 ×××
　　（借）繰 越 商 品 ×××　（貸）仕　　　入 ×××
ウ．（借）前払保険料 ×××　（貸）支払保険料 ×××
エ．（借）貸倒引当金 ×××　（貸）売　掛　金 ×××

解答 p.123

問題 39

期末日に金庫内を実査したところ、通貨以外のものが見つかった。現金勘定
に記入されないものは、次のうちどれか。

ア．送金小切手
イ．ゆうちょ銀行発行の普通為替証書
ウ．自己振出の小切手
エ．配当金領収証

解答 p.123

A●簿記・会計　＞　4●決算

3●当座預金の調整　テキスト第1章第4節

以下に示す＜資料＞に基づいた場合、当社において、修正仕訳が不要なものの組合わせとして適切なものは、次のうちどれか。

＜資料＞

当座預金について、銀行残高証明書を入手し、当社の当座預金出納帳残高との差異原因を調査したところ、次の事実が判明した。

1. 買掛金支払いのために振出した小切手が、まだ銀行に呈示されていない。
2. 備品購入のために小切手を振出していたが、まだ先方に渡しておらず、出納係の手元にあったことが判明した。
3. 支払手数料が当座預金から引き落とされていたが、当社に未通知であった。
4. 銀行の夜間金庫に現金を預け入れ、当座預金勘定を増加させる処理を行ったが、銀行では翌日処理となっている。

ア．1、3
イ．1、4
ウ．2、3
エ．2、4

解答●p.124

以下に示す＜資料＞に基づいた場合、月末において勘定を締める際、A社の当座預金勘定残高として正しいものは、次のうちどれか。

＜資料＞

　月末の当座預金勘定の残高は11,200,000円であったが、その後、銀行残高との差異を調査したところ、以下の事実が判明した。

１．月末に、売上代金500,000円を回収して入金処理を行ったが、銀行においては、翌日に入金処理がされていた。

２．銀行手数料1,000円が当座預金口座から引き落とされていたが、Ａ社においては未記帳であった。

３．家賃の支払いとして、100,000円の小切手を振出していたが、未取立てであった。

４．広告宣伝費として、小切手200,000円を振出し、Ａ社においては記帳済であったが、いまだに先方に交付していなかった。

ア．10,599,000円

イ．10,699,000円

ウ．10,899,000円

エ．11,399,000円

解答 p.124

A●簿記・会計　＞　4●決算

4●売上原価の算定　　　　　　　　　　　　　テキスト第1章第4節

問題
42

以下に示す＜資料＞に基づいた場合、決算整理後残高試算表における勘定残高の組合わせとして正しいものは、次のうちどれか。

＜資料＞

1．決算整理前残高試算表（一部）　　　　　（単位：円）

| 繰越商品 | 300,000 | 売　　上 | 7,000,000 |
| 仕　　入 | 5,000,000 | | |

2．売上原価は売上原価勘定で算定する。

3．期末商品帳簿棚卸高　1,200個、単価400円

4．期末商品実地棚卸高　1,000個、単価300円

ア．売上原価：4,820,000円　商品評価損：100,000円　棚卸減耗損：80,000円
イ．売上原価：4,880,000円　商品評価損：120,000円　棚卸減耗損：60,000円
ウ．売上原価：4,900,000円　商品評価損：100,000円　棚卸減耗損：80,000円
エ．売上原価：5,000,000円　商品評価損：120,000円　棚卸減耗損：60,000円

解答●p.126

問題
43

以下に示す＜想定条件＞に基づいた場合、損益計算書に表示される売上原価として正しいものは、次のうちどれか。

＜想定条件＞

1．A社のX1年12月31日における決算整理前残高試算表

決算整理前残高試算表（一部）（単位：円）

| 繰越商品 | 150,000 | 売　　上 | 2,500,000 |
| 仕　　入 | 1,850,000 | | |

2．A社は三分法を採用しており、収益性の低下による評価損は売上原価の
　　内訳項目として計上し、棚卸減耗費は販売費及び一般管理費で処理する。

3．期末商品の有高は下記のとおりである。

　　　　帳簿棚卸高　100個　原　　　　価　　@1,280円
　　　　実地棚卸高　　96個　正味売却価額　　@1,275円

ア．1,872,000円

イ．1,872,480円

ウ．1,877,120円

エ．1,877,600円

解答 p.126

以下に示す＜資料＞に基づき算定される、通常の販売目的で保有する商品売
上原価の値として正しいものは、次のうちどれか。

＜資料＞

期首商品棚卸高　　2,000千円

当期商品仕入高　　9,000千円

期末商品棚卸高

　原　　　　価　　1,750千円

　時　　　　価　　2,500千円

ア．6,500千円

イ．7,250千円

ウ．9,250千円

エ．9,750千円

解答 p.127

5●貸倒引当金 テキスト第1章第4節

当社の当期末における決算整理前残高試算表の残高（一部）は、以下に示す
＜資料＞のとおりである。決算において計上すべき貸倒引当金繰入額の金額
として正しいものは、次のうちどれか。
ただし、当社では貸倒引当金の計上に当たり差額補充法を採用しており、期
末金銭債権残高の2％を貸倒引当金として計上することとしている。
なお、＜資料＞に掲げたもの以外に金銭債権は存在していない。

＜資料＞決算整理前残高試算表（一部）
売掛金　　7,500,000円、買掛金　　4,500,000円、貸倒引当金　　150,000円
受取手形　4,000,000円、支払手形　1,500,000円、長期貸付金　3,000,000円

ア．　20,000円
イ．140,000円
ウ．170,000円
エ．290,000円

以下に示す＜資料＞に基づいた場合、A社の期末に必要な貸倒引当金残高と
して正しいものは、次のうちどれか。
ただし、A社は売上債権の期末残高に対して2％の貸倒引当金を設定してい
る。

＜資料＞

決算整理前残高試算表（一部）			（単位：円）
当座預金	1,254,300	貸倒引当金	18,000
受取手形	750,000		
売掛金	2,200,000		

　A社は、決算に当たり、銀行勘定調整表を作成したところ、次の事実が判明したので、必要な修正を行う。

1．買掛金決済のために振出した小切手のうち、未取付が185,000円あった。
2．期末の売掛金回収額のうち、354,000円がA社への連絡未達であった。
3．売掛金の回収額150,000円を誤って15,000円と記入処理していた。

ア．34,220円
イ．44,000円
ウ．49,220円
エ．59,000円

解答 p.128

問題 47 H27後

企業会計原則における引当金の設定要件に関する記述として不適切なものは、次のうちどれか。

ア．将来の特定の費用又は損失であること。
イ．その費用又は損失が将来において発生する可能性が高いこと。
ウ．将来確定する費用又は損失であって、その原因が将来発生すること。
エ．設定すべき金額を合理的に見積ることができること。

解答 p.129

A●簿記・会計　＞　4●決算

 6●**減価償却**　　　　　　　　　　　　　テキスト第1章第4節

問題 **48**　　　　　　　　　　　　　　　　　　　H30前

以下に示す＜資料＞に基づいた場合、A社の第6期（X6年4月1日からX7年3月31日まで）における機械の期末帳簿価額として正しいものは、次のうちどれか。

＜資料＞

1．機械減価償却累計額勘定の決算整理前残高試算表における残高は2,656,800円である。
2．機械の減価償却は、残存価額を取得価額の10％、耐用年数を10年として、定率法（償却率は20％）によっている。
3．機械は設立年度末に取得し、翌期首から使用を開始している。

ア．　　368,640円
イ．　　531,360円
ウ．　　664,200円
エ．　1,474,560円

解答 p.130

問題 **49**　　　　　　　　　　　　　　　　　　　H30前

以下に示す＜資料＞に基づいた場合、決算日がX1年12月31日のA社の当期の減価償却費の合計額として正しいものは、次のうちどれか。
ただし、有形固定資産は下記の資産以外には保有していないものとし、購入後直ちに事業の用に供したものとする。

＜資料＞

X1年1月30日建物を購入した。

取得原価は3,000,000円、年償却率20%、定率法により償却。

X1年4月25日備品を購入した。

取得原価は300,000円、耐用年数5年、残存価額0円、定額法により償却。

X1年9月1日車両を購入した。

取得原価は1,500,000円、残存価額0円、総見積走行可能距離100,000km、当期走行実績20,000km、生産高比例法により償却。

ア．745,000円

イ．890,000円

ウ．945,000円

エ．960,000円

解答 p.130

減価償却に関する記述として不適切なものは、次のうちどれか。

ア．固定資産は長期使用を目的に取得されるので、取得年度に全額を費用計上せず、耐用年数にわたって取得原価を配分していく。このような手続を減価償却という。

イ．減価償却費の計算方法としては、定額法、定率法、生産高比例法などが一般的である。

ウ．定率法は、取得原価に毎期一定の償却率を乗じて減価償却費を計算する方法である。

エ．土地は使用や時の経過により価値が減少しないと想定して、固定資産であっても減価償却は行わない。

解答 p.131

固定資産の減価償却に関する記述として不適切なものは、次のうちどれか。
なお、残存価額はゼロとする。

ア．土地付分譲マンションを4,000万円で購入し、購入総額に対して、耐用
　年数47年、定額法により減価償却を行った。

イ．本社ビルを1億円で建設し、建設費総額を耐用年数50年、定額法により
　減価償却を行った。

ウ．パソコンを25万円で購入し、耐用年数6年、購入総額に対して、定率法
　により減価償却を行った。

エ．社用車を300万円で購入し、耐用年数6年、購入総額に対して、定率法
　により減価償却を行った。

解答 p.131

A●簿記・会計　＞　4●決算

 7●有価証券の評価　　　　　　　　　　　　　テキスト第1章第4節

 H29後

以下に示す＜資料＞に基づいた場合、決算整理後残高試算表におけるその他有価証券評価差額金と有価証券評価損合計額の組合わせとして正しいものは、次のうちどれか。

＜資料＞

当社が保有する有価証券　　　　　　　　　　　　（単位：千円）

銘柄	保有目的別分類	取得価額	前期末時価	当期末時価
A社株式	売買目的有価証券	1,000	1,200	1,500
B社社債	満期保有目的債券	990	950	960
C社株式	関係会社株式	2,000	1,050	800
D社株式	その他有価証券	1,500	1,400	1,900

（注1）関係会社株式の時価は、市場価格ではなく実質価額である。
（注2）その他有価証券の評価差額の処理は「全部純資産直入法」により、税効果は考慮しない。

ア．その他有価証券評価差額金：400千円　有価証券評価損合計額：1,200千円
イ．その他有価証券評価差額金：800千円　有価証券評価損合計額：　280千円
ウ．その他有価証券評価差額金：870千円　有価証券評価損合計額：　250千円
エ．その他有価証券評価差額金：900千円　有価証券評価損合計額：1,230千円

解答　p.133

 問題 53

 H26後

簿記上の有価証券に関する記述として不適切なものは、次のうちどれか。

ア．有価証券には、送金小切手、郵便為替証書、支払期日の到来した公社債

の利札などが含まれる。

イ．有価証券はその保有目的により、売買目的有価証券、満期保有目的の債券、子会社株式及び関連会社株式、その他有価証券の4つに大別される。

ウ．有価証券の取得原価は、購入代価に証券会社に支払う売買手数料などの付随費用を加算したものとなる。

エ．売買目的で保有している株式の株式配当金領収証を受け取った場合は、受取配当金勘定で処理する。

解答 p.133

A●簿記・会計 ＞ 4●決算

8●経過勘定項目 テキスト第1章第4節

当社ではガソリンスタンドを経営しており、3月31日の決算に当たり債権債務を確定した。前受金として処理されるものとして適切なものは、次のうちどれか。

ア．3月10日に販売したガソリンの売上代金（3月末日が支払期日）のうち、未入金額。

イ．3月15日に自動車修理部品を販売する契約（納期は翌4月末日）を締結し、その際に受け取った手付金。

ウ．3月末日が期日であったにもかかわらず、入金されなかった当月分の駐車場代。

エ．3月31日に購入契約を締結し、翌4月20日受渡しが行われる建物に対して契約時に支払った手付金。

解答●p.135

以下に示す決算整理に関する＜資料＞に基づいた場合、当期の支払利息として正しいものは、次のうちどれか。

＜資料＞

1．決算整理前残高試算表の一部 （単位：円）

残 高 試 算 表

借 方	元丁	勘 定 科 目	貸 方
600		前 払 利 息	
		未 払 利 息	500
50,000		支 払 利 息	

２．決算整理事項

　（1）　支払利息の見越分が1,000円ある。

　（2）　支払利息の繰延分が800円ある。

ア．50,000円

イ．50,100円

ウ．50,200円

エ．50,300円

解答　p.135

A●簿記・会計　＞　4●決算

9●未払消費税　テキスト第1章第4節

未払消費税の計上について、当期の損益に影響しないものは、次のうちどれか。

ア．消費税支払額2,000円、消費税預り額3,000円を税込経理方式で処理し、消費税の納付額が1,100円と確定した。

イ．消費税支払額2,000円、消費税預り額3,000円を税込経理方式で処理し、消費税の納付額が1,000円と確定した。

ウ．消費税支払額2,000円、消費税預り額3,000円を税抜経理方式で処理し、消費税の納付額が1,100円と確定した。

エ．消費税支払額2,000円、消費税預り額3,000円を税抜経理方式で処理し、消費税の納付額が1,000円と確定した。

解答●p.136

A●簿記・会計　＞　4●決算

11●**未払法人税等の算定**　テキスト第1章第4節

問題 **57**

法人税等に関する記述として不適切なものは、次のうちどれか。

ア．受取利息から源泉徴収された所得税及び復興特別所得税の額は、法人税
　の額から控除される。

イ．法人税等の額は、決算後の納税額と一致するとは限らない。

ウ．法人税等の額は、帳簿外の確定申告書で算定される。

エ．法人税等の額は、中間納付額を控除して算定される。

解答●p.137

A●簿記・会計　＞　5●財務諸表の作成・純試算

1●帳簿決算　　　　　　　　　　　テキスト第1章第5節

問題
58

H27前

A社は、＜資料1＞の条件で銀行から金銭を借り入れた。また、＜資料2＞は、当期の決算直前（X2年12月31日）における支払利息勘定の記帳を示したものである。当期の決算予備手続において残高試算表を作成した場合、そこに計上される支払利息として正しいものは、次のうちどれか。
ただし、仕訳の単位は全て円とする。

＜資料1＞金銭消費貸借契約書の骨子
　　借入実施日：X1年9月1日
　　借入元本額：1,000,000円
　　利率：年利3.6％
　　利払日と支払方法：2月及び8月末日において月割計算した額を後払いする。
　　元本の返済方法：X4年3月31日に一括返済する。

＜資料2＞支払利息勘定の記帳（X2年1月1日から同年12月31日まで）

支払利息

2/28	当座預金	（　　）	1/1	（　　　）	（　　）		
8/31	当座預金	（　　）					

ア．24,000円

イ．36,000円

ウ．42,000円

エ．54,000円

解答　p.138

H27後

当社は、＜資料１＞の条件で銀行から金銭を借り入れた。また、＜資料２＞は、当期の決算直前（Ｘ２年12月31日）における支払利息勘定を示したものである。＜資料１＞及び＜資料２＞に基づいた場合、当期の決算整理手続において必要となる仕訳として正しいものは、次のうちどれか。

ただし、仕訳の単位は全て円とする。

＜資料１＞金銭消費貸借契約書の骨子

　借入実施日：Ｘ１年９月１日

　借入元本額：1,000,000円

　利率：年利3.6％

　利払日と支払方法：２月及び８月末日において月割計算した額を後払いする。

　元本の返済方法：Ｘ４年３月31日に一括返済する。

＜資料２＞支払利息勘定（Ｘ２年１月１日から同年12月31日まで）

| 2／28 | 当座預金 | （　） | 1／1 | （　） | （　） |
| 8／31 | 当座預金 | （　） | | | |

ア．（借）前払利息　　　6,000　　（貸）支払利息　　　6,000

イ．（借）支払利息　　12,000　　（貸）未払利息　　12,000

ウ．（借）未払利息　　12,000　　（貸）支払利息　　12,000

エ．（借）前払利息　　12,000　　（貸）支払利息　　12,000

解答　p.138

H26後

以下に示す＜資料＞において、当社（乙商店）の甲商店に対する売掛金期末残高と、甲商店より取り寄せた残高確認書における期末残高との差異が生じ

ている。当社の決算（決算日は３月31日）に際し、差異の調整に関する記述として正しいものは、次のうちどれか。

なお、当社の売上計上は、出荷基準により行っている。

＜資料１＞当期の得意先元帳の記帳（締切手続省略）

甲　商　店　　　　　　　　　（単位：円）

売　上 計上日	出　荷 完了日	契約書 管理番号	借方金額	貸方金額	借/貸	残　高
3 /30	3 /30	#100	200,000		借	200,000
3 /31	3 /31	#180	350,000		借	550,000

＜資料２＞甲商店より取り寄せた残高確認書

残　高　確　認　書

乙　商　店　御　中

甲　商　店　㊞

　X年３月31日現在における弊社の乙商店に対する買掛金残高は、200,000円であることを確認いたします。
　なお、契約書#180につきましては、翌４月１日に入荷され、同日において検収を完了しております。

ア．当社は、甲商店側の記録に一致させるべきである。

イ．当社は、甲商店側の記録に一致させる仕訳を行うとともに、他方で運送途中の商品を明らかにした仕訳を行うべきである。

ウ．甲商店が、当社の決算日において取引を認識していないので、会計記録の訂正を求めるべきである。

エ．当社は、当該差異について何も調整する必要がない。

解答　p.139

A●簿記・会計 ＞ 5●財務諸表の作成・純試算

3●利益剰余金の配当　　　　テキスト第1章第5節

以下の繰越利益剰余金勘定（一部のみ）において、誤っているものは、次のうちどれか。

なお、それぞれの選択肢は、相互に独立していると仮定すること。

ア.　　　　　　　　　　　　　　　　　　　　　　　　　　（単位：円）

繰越利益剰余金

| 法人税、住民税及び事業税 | 70,000 | 前　期　繰　越 | 800,000 |

イ.

繰越利益剰余金

| | | 前　期　繰　越 | 800,000 |
| | | 損　　　　益 | 70,000 |

ウ.

繰越利益剰余金

| 損　　　　益 | 70,000 | 前　期　繰　越 | 800,000 |

エ.

繰越利益剰余金

| 未　払　配　当　金 | 70,000 | 前　期　繰　越 | 800,000 |
| 利　益　準　備　金 | 7,000 | | |

解答　p.141

以下に示す＜資料＞の当社の損益勘定に記載されている勘定科目と金額に基づいた場合、①当期純利益の繰越利益剰余金への振替額及び②振替処理後の損益勘定の残高の金額の組合わせとして正しいものは、次のうちどれか。

＜資料＞

・売上　　　　　　　　20,000,000円

・売上原価　　　　　　6,000,000円

・役員報酬　　　　　　5,000,000円

・給料　　　　　　　　3,600,000円

・受取家賃　　　　　　720,000円

・支払手数料　　　　　150,000円

・法人税等　　　　税引前当期純利益の額の30％に相当する額

ア．①当期純利益の繰越利益剰余金への振替額：4,179,000円

　　②振替処理後の損益勘定の残高　　　　　：　　　0円

イ．①当期純利益の繰越利益剰余金への振替額：4,179,000円

　　②振替処理後の損益勘定の残高　　　　　：5,970,000円

ウ．①当期純利益の繰越利益剰余金への振替額：5,970,000円

　　②振替処理後の損益勘定の残高　　　　　：　　　0円

エ．①当期純利益の繰越利益剰余金への振替額：5,970,000円

　　②振替処理後の損益勘定の残高　　　　　：4,179,000円

解答 p.141

売上取引の証憑として不適切なものは、次のうちどれか。

ア．取引先発行の注文書
イ．当社発行の納品書（控）
ウ．運送会社発行の送り状（控）
エ．取引先発行の請求書

解答 p.143

A●簿記・会計　>　6●帳簿・伝票

2●**主要簿**　　　テキスト第1章第6節

問題 64

H30前

簿記上の仕訳や転記を記入する帳簿に関する記述として不適切なものは、次のうちどれか。

ア．全ての取引をその発生順に記録する帳簿を総勘定元帳という。

イ．仕訳帳と総勘定元帳は、複式簿記の機構上、不可欠な帳簿であることから主要簿と呼ばれる。

ウ．仕訳帳と総勘定元帳を相互に照合できるように、仕訳帳には元丁欄、総勘定元帳には仕丁欄がある。

エ．仕訳帳の元丁欄の✓印は、総勘定元帳への転記が必要ないことを示している。

解答 p.144

問題 65

H29後

主要簿として適切なものは、次のうちどれか。

なお、特殊仕訳帳制は採用していないものとする。

ア．小口現金出納帳

イ．商品有高帳

ウ．仕訳帳

エ．買掛金元帳

解答 p.144

3●**補助簿**　　　　　　　　　　　　　　　　　　　　テキスト第1章第6節

補助簿に関する記述として適切なものは、次のうちどれか。

ア．売掛金勘定だけでは、得意先に対する債権額を個別に明らかにすること
　　が不可能となることから、売掛金勘定の代わりに、相手方の会社名をその
　　まま勘定として用いて記入する人名勘定が用いられ、取引先が増えるにつ
　　れて、人名勘定の利便性は加速度的に高まることになる。
イ．売掛金の管理の観点から、総勘定元帳に売掛金勘定を設けて記帳し、人
　　名勘定の内容については、売掛金元帳を取引先ごとに補助元帳として用い
　　なければならない。
ウ．売掛金の回収は企業にとって重要な問題であるので、緻密かつ厳重な管
　　理が求められるが、買掛金の支払については、仕入先にとっての売掛金の
　　回収であることから、その管理は仕入先が主体となって行うので、売掛金
　　の管理ほどの厳重さは要求されない。
エ．総勘定元帳として設けられる売掛金勘定は、売掛金元帳の得意先別の人
　　名勘定を統制することから、統制勘定という。

解答●p.145

以下に示す＜資料＞に基づいた場合、商品の払出単価の計算方法について、
X1年4月末における在庫の金額が最小となる方法として適切なものは、次
のうちどれか。

＜資料＞

　X社（会計期間はX1年4月1日～X2年3月31日）のX1年4月におけ

る商品売買取引は次のとおりである。

なお、商品の期首在庫は2,400円（A商品4個、単価@600円）であった。

	仕　入　帳			（単位：円）
X1年	摘　　要	内　訳	金　　額	
4　5	横浜商店　　　　　　　　掛 A商品　12個　@660円		7,920	
15	大崎商店　　　　　　　　掛 A商品　8個　@720円		5,760	

	売　上　帳			（単位：円）
X1年	摘　　要	内　訳	金　　額	
4　10	渋谷商店　　　　　　　　掛 A商品　4個　@800円		3,200	
20	新宿商店　　　　　　　　掛 A商品　14個　@820円		11,480	

ア．先入先出法

イ．最終仕入原価法

ウ．移動平均法

エ．総平均法

解答 p.145

以下に示す＜想定条件＞に基づき、問題68〜69に答えなさい。

＜想定条件＞

当期における商品Aの仕入・売上の記録は、次のとおりである。

また、期末において、帳簿残高と実地棚卸残高とに差はなく、商品の損傷や値下がりはなかった。

4月1日　　　　前期繰越　　　20個　　@800円

7月5日	仕入	40個	@845円
10月12日	売上	30個	@1,000円
2月20日	仕入	50個	@880円
3月26日	売上	60個	@1,050円

先入先出法によった場合の当期の商品Aの売上原価として正しいものは、次のうちどれか。

ア．75,000円
イ．76,200円
ウ．76,575円
エ．93,000円

解答 p.147

移動平均法によった場合の当期の商品Aに係る売上総利益として正しいものは、次のうちどれか。

ア．16,425円
イ．16,800円
ウ．26,100円
エ．76,575円

解答 p.147

以下に示す＜資料1＞に基づき、＜資料2＞のとおり売掛金の明細表を作成した。売掛金明細表の（　　　）内に入る金額として正しいものは、次のうちどれか。

＜資料１＞Ｘ１年７月31日時点の合計試算表

合計試算表

Ｘ１年７月31日 （単位：円）

借　　方	勘定科目	貸　　方
634,860	現　　　　　金	532,430
500,000	当　座　預　金	321,250
721,500	売　　掛　　金	315,000
270,000	備　　　　　品	
270,000	買　　掛　　金	420,000
9,930	預　　り　　金	19,860
50,000	借　　入　　金	300,000
	資　　本　　金	500,000
	売　　　　　上	721,500
420,000	仕　　　　　入	
150,000	給　　　　　料	
2,500	水　道　光　熱　費	
100,000	地　代　家　賃	
1,250	支　払　利　息	
3,130,040		3,130,040

＜資料２＞

売掛金明細表（単位：円）

	Ｘ１年７月31日
甲商店	（　　　）
乙商店	234,000
丙商店	96,000

ア．　　　　0

イ．　76,500

ウ．　90,000

エ．391,500

解答 p.148

72

A●簿記・会計 ＞ 6●帳簿・伝票

④●伝票　　　　　　　　　　　　　　　　　　　　　テキスト第1章第6節

問題
71

当社は三伝票制を採用している。商品 5,000円を販売し、代金のうち2,000円を現金で受け取り、残りを掛とした際に、＜資料＞に示す入金伝票を起票した場合の振替伝票に記入すべき仕訳として適切なものは、次のうちどれか。

＜資料＞

入　金　伝　票	
科　　　目	金　　　額
売　掛　金	2,000円

（単位：円）

ア．（借）売掛金　3,000　　（貸）売　上　3,000
イ．（借）売掛金　3,000　　（貸）売　上　5,000
　　　　　現　金　2,000
ウ．（借）売掛金　5,000　　（貸）売　上　5,000
エ．（借）現　金　2,000　　（貸）売掛金　2,000

解答　p.149

問題
72

以下に示す＜取引＞を三伝票制によって起票した場合、仕訳日計表の合計額として正しいものは、次のうちどれか。
なお、商品売買取引は三分割法によって起票し、一部現金取引については、取引を擬制する方法による。

<取引>

1．商品3,000円を仕入れ、代金は掛とした。

2．貸付金の利息200円を現金で受け取った。

3．商品を6,000円で売上げ、代金のうち2,000円については、現金で受け取り、残りは掛とした。

4．買掛金1,500円を現金で決済したが、早期決済のため150円の現金割引を受けた。

5．切手540円を購入し、代金は現金で支払った。

ア．　7,850円

イ．　9,850円

ウ．11,240円

エ．13,390円

解答 ◗ p.149

1●金融商品取引法における財務諸表

テキスト第2章第1節

問題 **73**

金融商品取引法における開示制度及び財務諸表に関する記述として適切なものは、次のうちどれか。

ア．四半期報告書を作成・開示する上場会社は、有価証券報告書の作成・開示が免除される。

イ．金融商品取引法における財務諸表は、インターネット上の電子開示システム（EDINET）を通じて簡単に入手することができる。

ウ．金融商品取引法における財務諸表は、貸借対照表、損益計算書、株主資本等変動計算書及び個別注記表である。

エ．財務諸表の様式や表示科目、注記事項については、他社との比較可能性を確保する観点から「会社計算規則」に従わなければならない。

解答 p.151

創業以来、A社の業績は堅調に推移していたが、急激な円高により業績が悪化した。その対応策として、A社はやむを得ず早期退職を募り、多額の割増退職金を計上することになった。そこで生じた割増退職金の表示について、損益計算書上適切なものは、次のうちどれか。

ア．「売上原価」の内訳科目として表示される。

イ．「販売費及び一般管理費」の内訳科目として表示される。

ウ．「営業外費用」の内訳科目として表示される。

エ．「特別損失」の内訳科目として表示される。

解答 p.151

B●財務諸表の基礎 ＞ 1●財務諸表

2●会社法における計算書類

テキスト第2章第1節

問題
75

H30後

一般的に「決算書」と呼ばれるもののうち、会社法上における計算書類に含まれないものは、次のうちどれか。

ア．損益計算書
イ．キャッシュ・フロー計算書
ウ．貸借対照表
エ．株主資本等変動計算書

解答 p.152

問題
76

H29後

会計監査人設置会社で、かつ、有価証券報告書の提出会社である場合、会社法における計算書類に関する記述として正しいものは、次のうちどれか。

ア．株主資本等変動計算書は、当年度において株主資本等に変動がなければ作成を要しない。
イ．取締役は、定時株主総会開催日の2週間前までに監査済みの計算書類等を添付した有価証券報告書を各株主へ送付しなければならない。
ウ．計算書類の記載方法は、内閣府令である「財務諸表等の用語、様式及び作成方法に関する規則」に従わなければならない。
エ．貸借対照表上、有形固定資産の金額から減価償却累計額を直接控除した場合、その減価償却累計額は、個別注記表において開示される。

解答 p.152

3●中小企業の計算書類　　　　　　　　　　テキスト第2章第1節

「中小企業の会計に関する指針」、「中小企業の会計に関する基本要領」に関する記述として適切なものは、次のうちどれか。

なお、本問における中小企業とは、金融商品取引法適用会社でない株式会社又は会計監査人設置会社でない株式会社を指すものとする。

ア．全ての中小企業は、「中小企業の会計に関する基本要領」又は「中小企業の会計に関する指針」を適用することが望ましい。

イ．会計監査人設置会社の子会社である中小企業は、「中小企業の会計に関する基本要領」を適用することが望ましい。

ウ．金融商品取引法適用会社の関連会社である中小企業は、「中小企業の会計に関する基本要領」を適用することが望ましい。

エ．会計参与設置会社である中小企業は、「中小企業の会計に関する指針」を適用することが望ましい。

解答●p.153

「中小企業の会計に関する基本要領」（中小企業の会計に関する検討会　平成24年2月1日）においては、中小企業の実態に即して、簡便的な会計処理等が考えられている。この要領の考え方に関する記述として正しいものは、次のうちどれか。

ア．信用取引に基づく売上高については、その掛代金を回収した時に現金の受領額をもって計上する。

イ．土地及び建物を一括して取得した場合には、これらを区別することなく

一括して当該建物の耐用年数にわたり、毎期、規則的に減価償却を行う。

ウ．最終仕入原価法（最終仕入原価によって期末棚卸資産の価額を算定する方法）の採用については、先入先出法や総平均法などの評価方法と同等に認められている。

エ．計算書類等の作成負担を最小限に留めるため、損益計算書のみを作成すれば足りるとしている。

解答 ● p.153

4●財務諸表のしくみ

テキスト第2章第1節

問題 **79**

X2年6月26日開催のA社第5回定時株主総会において、以下に示す＜決議事項＞（剰余金の処分の件）が承認可決された。当該剰余金の処分（剰余金の配当）の財務諸表における表示の仕方として正しいものは、次のうちどれか。

＜決議事項＞（剰余金の処分の件）
・X2年6月29日に総額1,000,000円を金銭にて配当する。
・その際、剰余金は、その他利益剰余金（繰越利益剰余金）1,000,000円をもって減少させ、配当に充てる。

ア．当該剰余金の配当は、第5期（X1年4月1日からX2年3月31日まで）における当期純利益の分配として損益計算書に表示される。
イ．当該剰余金の配当は、第6期（X2年4月1日からX3年3月31日まで）における繰越利益剰余金の分配として損益計算書に表示される。
ウ．当該剰余金の配当は、第5期（X1年4月1日からX2年3月31日まで）における繰越利益剰余金の当期変動額として株主資本等変動計算書に表示される。
エ．当該剰余金の配当は、第6期（X2年4月1日からX3年3月31日まで）における繰越利益剰余金の当期変動額として株主資本等変動計算書に表示される。

解答●p.155

問題 **80**

財務諸表に関する記述として不適切なものは、次のうちどれか。

ア．財務諸表は、一般に決算書等と呼ばれる書類であり、1会計期間における企業の経営成績や会計期間終了時点における企業の財政状態等を示すものである。

イ．財務諸表の作成に当たっては、利用者の企業状況に関する判断を誤らせないよう、必要な事実を明瞭にわかりやすく伝達することが求められる。

ウ．企業が実務上設定した勘定科目を全て表示することは、財務諸表を利用する際に煩雑な情報となる場合もあり、表示科目は日常使用している勘定科目と異なることもある。

エ．株式を公開している企業等は、金融商品取引法により有価証券報告書を提出しなければならないが、一般に有価証券報告書に財務諸表が含まれることはない。

 解答 p.155

問題 81 H25後

株式会社の貸借対照表において、純資産の部の株主資本に属さない項目は、次のうちどれか。

ア．別途積立金

イ．利益準備金

ウ．自己株式

エ．その他有価証券評価差額金

 解答 p.156

問題 82 H24後

以下の＜資料＞に基づき、問題82〜84に答えなさい。
なお、法人税等は無視するものとする。

＜資料１＞決算整理後の残高試算表

残高試算表
X２年３月31日　　　（単位：千円）

借　　方	勘 定 科 目	貸　　方
49,000	現　　　　金	
	資　本　金	35,000
	利 益 準 備 金	1,500
	別 途 積 立 金	500
	繰 越 利 益 剰 余 金	2,000
	売　　　　上	200,000
120,000	仕　　　　入	
70,000	給　　　料	
239,000		239,000

＜資料２＞繰越利益剰余金勘定の記帳内容

繰越利益剰余金　　　　（単位：千円）

6/27	利 益 準 備 金	100	4/1	前 期 繰 越	3,300
〃	未 払 配 当 金	1,000	3/31	①	
〃	別 途 積 立 金	200			
3/31	次 期 繰 越	（　）			
		（　）			（　）

＜資料３＞株主資本等変動計算書

株主資本等変動計算書
（自X１年４月１日　至X２年３月31日）　　　（単位：千円）

区分	株　　主　　資　　本					株主資本合　　計	純資産合　計
	資本金	利益剰余金					
		利 益準備金	その他利益剰余金		利　益剰余金合　計		
			別　途積立金	繰越利益剰余金			
前期末残高	35,000	（　）	（　）	②	（　）	（　）	（　）
当期変動額							
別途積立金の積立			200	△200	0	0	0
剰余金の配当		100		△1,100	△1,000	△1,000	△1,000
当期純利益				（　）	（　）	（　）	（　）
当期変動額合計		100	200	（　）	（　）	（　）	（　）
当期末残高	35,000	③	（　）	（　）	（　）	（　）	（　）

（注）空欄は、必要に応じて各自推定すること。

＜資料２＞における空欄①に記入すべき勘定科目及び金額として正しいものは、次のうちどれか。

ア．諸　　　口　　　　1,300千円

イ．当期純利益　　　10,000千円

ウ．損　　　益　　　10,000千円

エ．損　　　益　　　12,000千円

解答 p.156

問題
83

＜資料３＞の空欄②に記入すべき金額として正しいものは、次のうちどれか。

ア．　2,000千円

イ．　3,300千円

ウ．10,000千円

エ．12,000千円

解答 p.157

問題
84

＜資料３＞の空欄③に記入すべき金額として正しいものは、次のうちどれか。

ア．1,300千円

イ．1,400千円

ウ．1,500千円

エ．1,600千円

解答 p.158

B●財務諸表の基礎　＞　２●財務諸表の分析

１●財務諸表分析の基礎

テキスト第２章第２節

問題 **85**

財務諸表の読取りに関する記述として最も不適切なものは、次のうちどれか。

ア．財務諸表の分析に当たっては、同じ企業の複数年度にわたる財務諸表を時系列的に比較したり、同じ年度における類似企業の財務諸表を比較したりすることも有効である。

イ．財務諸表を正しく読み取ることができれば、取引先の経営内容を確認して取引条件を検討する等、貸倒れの未然防止に活用することが可能である。

ウ．財務諸表に関する代表的な指標を分析することによって、企業規模の大小や業種の違いに関わらず、指標が基準を上回っているかどうかで、企業の優劣や将来性を判断することが可能となる。

エ．財務諸表の読取りに際しては、無味乾燥な数値の羅列として見るのではなく、数値から、その裏に存在する実際の企業活動を想像し、企業に何が起きているのかを考えることが重要である。

解答 ●p.159

問題 **86**

H27前

損益計算書に関する記述として不適切なものは、次のうちどれか。

ア．損益計算書の当期純利益がプラスであっても営業利益がマイナスの企業は、本業の収益力が低い可能性がある。

イ．当期純利益がマイナスであっても、大規模なリストラにより損失が出た場合は、赤字であることをもって企業の収益力が低いとはいえない。

ウ．営業利益がマイナスであっても、経常利益がプラスの場合は、本業以外で継続的に利益を獲得している可能性がある。

エ．営業利益がマイナスであっても、売上総利益がプラスであれば企業を維持するためのコストは回収できている可能性が高い。

解答 p.159

表示科目と貸借対照表上の表示区分の組合わせとして不適切なものは、次のうちどれか。

	表示科目	貸借対照表上の表示区分
ア．	前払費用	流動資産
イ．	建設仮勘定	有形固定資産
ウ．	の れ ん	無形固定資産
エ．	長期前払費用	繰延資産

解答 p.160

損益計算書に関する記述として不適切なものは、次のうちどれか。

ア．売上高営業利益率が売上高経常利益率よりも小さい場合、その理由としては受取配当金や有価証券売却益の大きいことが考えられる。

イ．当期の売上高よりも仕入高が大きいとしても、売上総利益がマイナスであるとは限らない。

ウ．当期純利益がプラスであるために、経常利益がプラスである必要はない。

エ．売上高よりも販売費及び一般管理費の合計額が大きいと、経常利益はマイナスになる。

解答 p.160

H25後

貸借対照表に関する記述として不適切なものは、次のうちどれか。

ア．貸借対照表とは、ある一定時点において、企業に存在する資産・負債及び資本（純資産）の残高を表示するものである。

イ．貸借対照表は、それが企業の収益と費用とのバランスを示す表であることから「バランスシート」とも呼ばれる。

ウ．貸借対照表の貸方は、企業が事業活動を営むに当たり、どれだけの資金を外部から調達しているか等、資金調達の源泉を示すものでもある。

エ．貸借対照表の主な目的は、企業の財政状態を明らかにし、利害関係者の判断を誤らせないことである。

解答 p.161

B●財務諸表の基礎　＞　2●財務諸表の分析

 ●成長性分析　　　　　　　　　　　　テキスト第2章第2節

市場成長率と売上成長率の関係に関する記述として適切なものは、次のうちどれか。

ア．成長期には、市場は成長し自社の売上も増加している。売上の成長が高く、高い利益を上げられる状態である。

イ．開発期は、市場の成長は鈍化しているが、製品開発に成功した自社の成長率は高く勝ち組になりつつある。

ウ．成熟期は、市場は成長しているが、自社製品の売上は伸び悩んでいる。新たな製品開発で巻き返しがないと市場から退出を迫られる。

エ．斜陽期は、市場が寡占化し、利益を上げることが難しく、技術革新がない限り停滞が続く。

解答　p.162

成長性分析に関する記述として不適切なものは、次のうちどれか。

ア．成長性分析においては、売上高及び利益の成長度合いの把握は重要であるが、売上や利益の増加（又は減少）の要因を分析しないと実態を見誤ることがある。

イ．市場の拡大ペース（市場成長率）と自社製品の成長率（売上成長率）とを分析して、共に高い成長率を示している場合は、市場での競争が激しいことが予想され、利益確保が難しくなっている場合が多い。

ウ．企業が成長拡大していくためには、それを支える設備投資が欠かせないが、EDINET等で公表されている資料からだけでは、設備投資の増減額を

把握することはできない。

エ．売上高と従業員数・人件費との関係は、売上高の増加が「従業員の増加＝人件費の増加」と比例関係にある場合もあるが、売上高が増加しても従業員数は増加していない場合もある。

解答 p.162

B●財務諸表の基礎 ＞ 2●財務諸表の分析

3●**安全性分析**　　　　　　　　　　　　　　　　　テキスト第2章第2節

問題
92

H30後

以下に示す＜資料＞に基づいた場合、A社の流動比率、当座比率の組合わせとして正しいものは、次のうちどれか。

なお、流動資産の「その他」は、すぐに支払手段となる資産であるものとする。

＜資料＞

A社貸借対照表　　　　　　　（単位：円）

資産	金額	負債・純資産	金額
現預金	350,000	支払債務	180,000
売掛債権	45,000	短期借入金	20,000
有価証券	35,000	その他	100,000
棚卸資産	270,000	流動負債合計	300,000
その他	200,000	固定負債合計	100,000
流動資産合計	900,000		
固定資産合計	300,000	純資産合計	800,000
資産合計	1,200,000	負債・純資産合計	1,200,000

ア．流動比率：　66.66％　　　当座比率：　78.75％

イ．流動比率：　75％　　　　当座比率：　52.5％

ウ．流動比率：225％　　　　当座比率：157.5％

エ．流動比率：300％　　　　当座比率：210％

解答 ●p.163

問題
93

H28後

企業の安全性分析に関する記述として適切なものは、次のうちどれか。

ア．流動比率は、総資産に占める流動資産の割合を示す指標である。

イ．正味運転資本がプラスであれば資金的に余裕があると考えられる。

ウ．在庫が多くなると当座比率よりも流動比率の方が低くなる。

エ．総資産が200,000千円で自己資本比率が40％である場合、自己資本は80,000千円である。

解答 p.163

B●財務諸表の基礎 ＞ 2●財務諸表の分析

4●**収益性分析** テキスト第2章第2節

問題 94

H29前

以下に示す＜資料＞に基づいた場合、A社の収益性に関する記述として適切なものは、次のうちどれか。

＜資料＞

A社貸借対照表
（X2年3月31日現在）（単位：千円）

資　産	金　額	負債・資本	金　額
現金及び預金	355,212	支払手形及び買掛金	181,577
受取手形及び売掛金	44,777	短期借入金	15,571
有価証券	22,593	その他	95,092
商品	260,006	流動負債	292,240
その他	191,803	固定負債	96,658
流動資産	874,391		
固定資産	289,311	純資産	774,804
総資産	1,163,702	総資本	1,163,702

A社損益計算書
（X1年4月1日～X2年3月31日）
（単位：千円）

売上高	1,681,781
売上原価	833,243
売上総利益	848,538
販売費及び一般管理費	671,863
営業利益	176,675
営業外収益	17,354
営業外費用	1,141
経常利益	192,888
特別利益	8,782
特別損失	20,992
法人税等	63,287
当期純利益	117,391

ア．来期の見込みとして、価格競争等により売上高総利益率が当期と比べて３ポイント低下しても、売上高を６％伸ばすことができれば、売上総利益の額は減少することはない。

イ．Ａ社は売上高営業利益率よりも売上高経常利益率の方が高く、売上高純利益率はさらに高くなっている。

ウ．Ａ社のROE（自己資本当期純利益率）には、総資本回転率の高さよりも財務レバレッジの方が貢献している。

エ．来期の販売費及び一般管理費の総額を今期より10％削減できれば、他の要素に変動がなければ、営業利益の額は今期に比べて10％伸びることになる。

解答 p.165

問題 **95**

収益性分析に関する記述として不適切なものは、次のうちどれか。

ア．収益性分析は、投下された資本や獲得した売上に対して、いかに効率よく利益を生み出したかを分析して、企業の稼ぐ力を判定しようとするものである。

イ．売上高当期純利益率は売上高に対して、最終利益がどの程度稼げているかを示す指標である。臨時的な費用や収益が計上されて、例外的な数値になる場合があることも考慮すべきである。

ウ．自己資本利益率（ROE）は、株主から預かった資本を効率よく運用して、高いリターンを生み出せているか等を判断する指標なので、財務安全性とは切り離して判断すべきである。

エ．売上高売上総利益率は、企業が販売している商品やサービスの市場における魅力度・価値を示しているとも考えられ、営業戦略上も重要な指標といえる。

解答 p.165

5●キャッシュ・フロー分析　テキスト第2章第2節

フリー・キャッシュ・フローに関する記述として適切なものは、次のうちどれか。

ア．損益計算書は、会計期間における収益と費用の発生をとらえているので、実際に売上代金を回収したか、経費は支払われているか等の現金の動きが反映されているとは限らない。そのため、企業ごとの会計方針の違いにより単純比較できない場合もある当期純利益とは別に、企業ごとに判断が異なる要素の少ないキャッシュ・フローに着目した、フリー・キャッシュ・フローを分析することは有用である。

イ．フリー・キャッシュ・フローとは、自由に使える現金を意味するものであり、一会計期間における全ての現金及び現金同等物の増減として表される。

ウ．金融機関からの借り入れを行うと、フリー・キャッシュ・フローは一時的ではあるが増える。

エ．フリー・キャッシュ・フローはプラスであることが望ましいため、投資のための支出は行わない方がよい。

解答 p.167

キャッシュ・フロー分析に関する記述として不適切なものは、次のうちどれか。

ア．会計上の利益が増加していても、事業活動の結果がキャッシュの増加に結び付いているとは限らない。

イ．投資活動によるキャッシュ・フローがマイナスの場合は、投資活動が成

果を出せていないことになる。

ウ．借入金の返済を行った場合は、財務活動によるキャッシュ・フローのマイナス要素となる。

エ．営業キャッシュ・フロー・マージンは、売上高利益率の利益を営業活動によるキャッシュ・フローに置き換えたものである。

解答　p.167

以下に示す＜資料＞に基づいた場合、A社、B社のキャッシュ・フロー分析に関する記述として適切なものは、次のうちどれか。

ただし、A社、B社の売上高は、ともに5,000千円である。

＜資料＞

キャッシュ・フロー計算書（要約）　　　　（単位：千円）

	A社	B社
営業活動によるキャッシュ・フロー	1,000	2,000
投資活動によるキャッシュ・フロー	△1,500	△1,200
財務活動によるキャッシュ・フロー	600	200
現金及び現金同等物の増減額	100	1,000
現金及び現金同等物の期首残高	400	500
現金及び現金同等物の期末残高	500	1,500

ア．会計方針の影響を含まない収益性を分析する指標としては、営業キャッシュ・フロー・マージンよりも売上高営業利益率の方が適している。

イ．フリー・キャッシュ・フローはA社の方が大きい。

ウ．営業キャッシュ・フロー・マージンはB社の方が大きい。

エ．B社の投資活動によるキャッシュ・フローは、営業活動によるキャッシュ・フローの範囲内であるため健全であるが、A社は投資活動によるキャッシュ・フローが営業活動によるキャッシュ・フローを超過しており、A社にとって必要な投資であっても、投資額を抑えるべきである。

解答　p.168

Ｂ●財務諸表の基礎　＞　２●財務諸表の分析

６● 1株当たり分析

テキスト第２章第２節

H30後

以下に示す＜資料＞に基づいた場合、当期純利益は、前期と比較してほぼ同額であるにもかかわらず、当期の１株当たり当期純利益金額は減少した。この理由として正しいものは、次のうちどれか。

なお、各選択肢は、相互に独立していると仮定すること。

＜資料＞

	前期	当期
当期純利益	40,000,000円	40,800,000円
１株当たり当期純利益金額	20円00銭	12円00銭

ア．剰余金の配当を当期に実施したことによる。

イ．期中に増資を行って、発行済株式数が増加したことによる。

ウ．大株主が当社の株式を買い増して、その持株数が増加したことによる。

エ．当社が自己株式を購入（未消却）したことによる。

解答 ● p.169

H28前

１株当たり分析に関する記述として不適切なものは、次のうちどれか。

ア．１株当たり分析は、企業間比較を行う際に企業規模の影響を排することが可能となるので、投資家にとって有用な情報である。

イ．株価収益率は、株価が１株当たり利益の何倍になっているかを示しており、一般に同業他社と比べて株価収益率が高ければ、収益力が高く株価は割安であるといえる。

ウ．1株当たり純資産は、会社の1株当たりの清算価値を示していることに
　　なるので、理論上の最低株価を示していることになる。

エ．1株当たり当期純利益は、一会計期間の経営活動による1株の価値の増
　　加額を意味しているともいえるので、既存株主にとっても重要な情報であ
　　る。

解答 p.169

経　理 3級

● 簿記・財務諸表

ビジネス・キャリア®検定試験
解答・解説編

A●簿記・会計 ＞ 1●簿記・会計の基礎

1●簿記・会計の意義と目的　　　テキスト第1章第1節

問題 **1** 解答　　　　　　　　　　　　　　　　　　　　　H27前

正　解　イ

ポイント　財務諸表の内容を理解しているかを問う。

解　説

ア．適切。

イ．不適切。キャッシュ・フロー計算書は、企業が資金を獲得する能力など について明らかにすることを目的として、当該企業の一定期間における資 金収支の状況を報告するものである。

ウ．適切。

エ．適切。

問題 **2** 解答　　　　　　　　　　　　　　　　　　　　　H26後

正　解　イ

ポイント　期間損益計算の前提ないしは継続企業の前提に関する理解度を 問う。

解　説

ア．適切。期間損益計算と継続企業の前提の関係を示した内容である。

イ．不適切。会計期間は、通常1年間であるが、目的によって半期（6ヵ月） 四半期（3ヵ月）を会計期間とする場合がある。また、決算期の変更を行 う場合にはより短くなる場合があり得る。

ウ．適切。現代の企業の損益計算は、企業の終了を待って行うのではなく、 人為的に区切られた期間の損益を計算するところにその特徴がある。

エ．適切。会計期間は人為的に区切ることができ、必ずしも暦年と一致させ る必要はない。日本の多くの企業は4月1日から3月31日を会計期間とし ている。

2●**基礎的前提**　　テキスト第1章第1節

問題 3 解答　　H28後

正解　　イ

ポイント　損益計算書の目的及びその構成を問う。

解説

　企業会計原則「第二　損益計算書原則」一は、損益計算書の本質を内容とし、次のように述べている。

　「損益計算書は、企業の（A：経営成績）を明らかにするため、一会計期間に属するすべての収益とこれに対応するすべての費用とを記載して（？：経常利益）を表示し、これに特別損益に属する項目を加減して（B：当期純利益）を表示しなければならない。」

●参考文献

・企業会計原則「第二　損益計算書原則」一

A●簿記・会計　＞　1●簿記・会計の基礎

3●**財務諸表**　　　　　　　　　　　　　　テキスト第1章第1節

問題 **4** 解答　　　　　　　　　　　　　　　　H23前

正 解　　ウ

ポイント　　財務諸表を構成するそれぞれの計算書の意義について理解しているかどうかを確認する。

解 説

・1番目の文章は誤り。損益計算書の最終行は、「当期純利益」である。

・2番目の文章は正しい。

・3番目の文章は誤り。キャッシュ・フロー計算書は、複式簿記の帳簿記入とは別に、独自に集計作業を行って作成される。

A●簿記・会計　＞　2●簿記一巡（取引・勘定・仕訳・元帳・試算表）

 1●取引　　　　　　　　　　　　　　　テキスト第1章第2節

問題 5 解答　　　　　　　　　　　　　　　　　　H24前

正　解　　エ

ポイント　複式簿記の特徴である貸借平均の原理の理解を確認する。

解　説

ア．誤り。貸借平均の原理は複式記入が前提であり、複式記入のない単式簿
　　記には関係がない。

イ．誤り。貸借平均の原理は複式記入が前提であり、複式記入のない単式簿
　　記には関係がない。

ウ．誤り。複式記入により、借方合計と貸方合計は常に一致する。

エ．正しい。

問題 6 解答　　　　　　　　　　　　　　　　　　H25後

正　解　　イ

ポイント　複式簿記における「取引」の意義について理解しているかどう
かを確認する。

解　説

・1番目の文書は誤り。取引要素とされている「利益」は複式簿記によって
　算出される数値であって、取引要素ではない。正しくは「収益」とすべき
　である。

・2番目の文章は誤り。盗難による商品という資産の減少は簿記上の取引と
　して認識され、相手科目として「費用」が増加する。

・3番目の文章は正しい。

問題
7 解答

H24後

正　解　　エ

ポイント　勘定への記入方法を理解しているかを問う。

解　説

各取引の仕訳は以下のとおりである。（単位：円）

3/ 1	（借）	現　　　　金	1,000,000	（貸）	資　本　金	1,000,000
3/ 7	（借）	現　　　　金	1,000,000	（貸）	借　入　金	1,000,000
3/10	（借）	商　　　　品	400,000	（貸）	買　掛　金	400,000
3/15	（借）	商　　　　品	600,000	（貸）	現　　　金	600,000
3/20	（借）	売　掛　金	280,000	（貸）	商　　　品	200,000
					商品販売益	80,000
3/21	（借）	商品販売益	15,000	（貸）	売　掛　金	15,000
3/25	（借）	給　　　料	50,000	（貸）	現　　　金	50,000
3/28	（借）	買　掛　金	200,000	（貸）	現　　　金	200,000
3/31	（借）	現　　　　金	100,000	（貸）	売　掛　金	100,000
3/31	（借）	売　上　割　引	5,000	（貸）	現　　　金	5,000

【各勘定口座への記入】（単位：円）

現　　　金

3 月 1 日	1,000,000	3 月15日	600,000
3 月 7 日	1,000,000	3 月25日	50,000
3 月31日	100,000	3 月28日	200,000
		3 月31日	5,000

売　　掛　　金

3 月20日	280,000	3 月21日	15,000
		3 月31日	100,000

商　　　品

3 月10日	400,000	3 月20日	200,000
3 月15日	600,000		

買　　掛　　金

3 月28日	200,000	3 月10日	400,000

借　　入　　金

		3 月 7 日	1,000,000

資　　本　　金

		3 月 1 日	1,000,000

A●簿記・会計 ＞ 2●簿記一巡（取引・勘定・仕訳・元帳・試算表）

②●仕訳　　　　　　　　　　　　　　　　テキスト第1章第2節

問題
8　解答　　　　　　　　　　　　　　　　H25前

正　解　イ

ポイント　株主資本等変動計算書は、株主資本の変動の内訳を示す表である。損益計算書の損益に変動をもたらす取引は、株主資本の変動につながることを理解できているか問う。

解　説

ア．影響を及ぼす。固定資産売却損は株主資本の変動につながる。

　（借）現　金　　　　　50,000　　　（貸）土　地　　　　　60,000
　　　　固定資産売却損　10,000

イ．影響を及ぼさない。損益計算書や株主資本等変動計算書に影響しない取引である。

　（借）貸倒引当金　　　　　50　　　（貸）売掛金　　　　　　　50

ウ．影響を及ぼす。受取配当金は株主資本の変動につながる。

　（借）現　金　　　　　　　10　　　（貸）受取配当金　　　　　10

エ．影響を及ぼす。有価証券売却益は株主資本の変動につながる。

　（借）未収金　　　　　　　495　　　（貸）有価証券　　　　　300
　　　　　　　　　　　　　　　　　　　　　有価証券売却益　　　195

問題
9　解答　　　　　　　　　　　　　　　　H24前

正　解　イ

ポイント　未着品の処理に関する問題。

解　説

ア．誤り。商品代金の支払いに関する手形であり、支払手形勘定で処理すべきである。

イ．正しい。貨物引換証を入手したが、商品は未着であるので未着品勘定で

処理し、代金の一部について為替手形を引き受けているので、支払手形となる。

ウ．誤り。注文した商品が未着の状態であるので、未着品勘定で処理すべきである。

エ．誤り。商品代金の未払は、買掛金勘定で処理すべきであり、商品代金の支払に関する手形であり、支払手形勘定で処理すべきである。

3●元帳　　　　　　　　　　　　　　　　　　　　テキスト第1章第2節

問題 **10** 解答　　　　　　　　　　　　　　　　　　　　　H29前

| 正 解 | ウ |

ポイント　仕訳帳と総勘定元帳に関する基本的な知識を問う。

| 解 説 |

ア．不適切。仕訳帳と総勘定元帳はそれぞれ異なった役割を持っているため、両方とも作成されなければ帳簿組織が完結しない。

イ．不適切。転記は、仕訳帳に記入された仕訳を総勘定元帳の各勘定口座に記入することをいう。

ウ．適切。

エ．不適切。総勘定元帳にも取引日付を記入し、勘定口座の変動を明らかにしなければならない。

問題 **11** 解答　　　　　　　　　　　　　　　　　　　　　H27後

| 正 解 | イ |

ポイント　仕訳と勘定記入を理解しているかを問う。

| 解 説 |

ア．誤り。期首残高を加えていないうえ、当座預金への預入れによる減少が反映されていない。

イ．正しい。

ウ．誤り。当座預金へ預けた分を考慮していない。

エ．誤り。掛仕入、掛売上を現金勘定に記帳し、売上代金30,000円の回収及び当座預金への預入れによる減少が反映されていない。

A●簿記・会計　>　2●簿記一巡（取引・勘定・仕訳・元帳・試算表）

4●試算表　テキスト第1章第2節

 問題12 解答　

正　解　イ

ポイント　合計試算表の意味を問う問題である。すなわち、合計試算表は元帳の各勘定口座の合計額を集計した表である。

解　説

ア．誤り。現金勘定の12月31日における残高である。

イ．正しい。現金勘定の貸方合計である。

ウ．誤り。現金勘定の借方合計である。ただし、本設問では問われていない。

エ．誤り。仮に残高試算表を作成するのであれば、貸方側に記入すべき数字はない。

問題13 解答　

正　解　ア

ポイント　残高試算表の意味を問う問題である。すなわち、残高試算表は元帳の各勘定口座の残高を集計した表である。

解　説

問題12の解説を参照のこと。なお、合計残高試算表は以下のとおりである。

合計残高試算表
X1年12月31日　（単位：円）

| 借　　方 | | 勘定科目 | 貸　　方 | |
残　高	合　計		合　計	残　高
（②87,000）	203,000	現　金	（①116,000）	

正　解　ウ

ポイント　試算表の性格について理解しているかを問う。

解　説

ア．適切。

イ．適切。

ウ．不適切。残高試算表を作成することにより、元帳の各勘定口座の残高合計と残高試算表の合計金額を検証し記帳の正確性を検証することなどができる。

エ．適切。

A●簿記・会計 ＞ 3●基本的取引の処理

1●商品売買
テキスト第1章第3節

問題 **15** 解答

H29後

正 解 エ

ポイント 商品仕入に関する処理方法を問う。

解 説

ア．誤り。販売用商品の購入であるので、備品勘定での処理は誤り。

イ．誤り。三分法に限定していないので、商品勘定は誤りではないが、仕入代金の未払い分は買掛金とすべきである。

ウ．誤り。仕入代金の未払い分は買掛金とすべきであり、かつ引取運賃の処理が漏れている。

エ．正しい。

問題 **16** 解答

H27前

正 解 エ

ポイント 商品の仕入・販売のプロセスにおける処理方法を理解しているかを問う。

解 説

ア．適切。

イ．適切。

ウ．適切。

エ．不適切。三伝票制に関する記載である。

問題 **17** 解答

H27前

正 解 イ

ポイント　支払時の状況による仕訳処理の違いを理解しているかを確認する問題である。

解説

　商品を販売したときにかかった運賃、発送費などの諸費用を発送諸掛といい、当方で負担する場合は、発送費等の勘定（費用）で処理する。先方負担の場合は、商品代金と別に精算するときは立替金、商品代金に含めて請求するときは売掛金で処理する。

ア．正しい。当方で負担する場合は、発送費等の勘定（費用）で処理する。

イ．誤り。発送費は前払いしているわけではない。

ウ．正しい。先方負担の場合で、商品代金と別に精算するときは立替金で処理する。

エ．正しい。先方負担の場合で、商品代金に含めて請求するときは売掛金で処理する。

問題 **18** 解答　　　　　　　　　　　　H24前

正解　ア

ポイント　払出単価の計算方法の違いを理解しているかを問う。

解説

・先入先出法は、先に仕入れた商品から順に販売したものとして記帳するので、12日に販売された35個の内訳は、10個が単価100円、残り25個は単価120円で仕入れたものが販売されたとみなす。よって100円×10個＋120円×25個＝4,000円が売上原価となる。

・移動平均法は、仕入の都度、購入金額と受入数量の合計から単価の平均を計算し、売上時の平均単価を払出単価とするので、12日時点の払出単価は、（100円×10個＋120円×40個）÷50個＝116円となり、売上原価は116円×35個＝4,060円となる。

したがって、売上総利益の組合わせは、以下のとおりとなる。

(a)　先入先出法＝ 150円×35個－4,000円＝1,250円

(b)　移動平均法＝ 150円×35個－4,060円＝1,190円

正　解　エ

ポイント　売上原価の計算及び仕入割引の会計処理を理解しているかを問う。

解　説

　当期売上原価は、期首残高250,000円＋当期仕入5,400,000円－仕入割戻50,000円－期末残高320,000円の5,280,000円である。したがって、原価率は5,280,000円÷8,800,000円＝60％と算定される。

　なお、仕入割引は、営業外収益として計上されるため、売上原価の計算には含まれない。

ア．誤り。売上利益率である。

イ．誤り。仕入割引を売上原価に反映させてしまった場合の売上利益率である。

ウ．誤り。仕入割引を売上原価に反映させてしまった場合の売上原価率である。

エ．正しい。

A●簿記・会計　＞　3●基本的取引の処理

②●消費税
テキスト第1章第3節

問題 20 解答
H29後

正　解　エ

ポイント　消費税その他の税金の処理を正しく理解しているかを問う。

解　説

ア．費用処理できる。

イ．費用処理できる。

ウ．費用処理できる。

エ．費用処理できない。仮払消費税勘定又は車両の取得原価に含めて処理する必要がある。

問題 21 解答
H23後

正　解　イ

ポイント　消費税の課税取引を正しく判断できるかを問う。

解　説

　消費税の課税の対象となる取引は、国内において事業者が事業として対価を得て行う資産の譲渡、資産の貸付け、役務の提供及び外国貨物の輸入である。

A．切手や商品券は、役務提供（サービス）の給付請求権及び物品の給付請求権を表彰する証書で、その譲渡は非課税取引である。請求権の行使は課税取引となる。

B．公的な医療保障制度に係る医療費は、原則として非課税取引である。

C．人材派遣会社の派遣先事業者に対する役務提供となるため、課税取引である。

D．配当金の受取りは、株主や出資者たる地位に基づいて、出資に対する配

当や分配として受けるものなので、資産の譲渡等の対価には該当しない。

E．分譲住宅購入に際して、土地の譲渡に該当する部分は非課税取引であるが、建物部分は資産の譲渡に該当するので、課税取引である。

F．個人が家庭の不用品を処分した場合は、事業として行われた取引ではないので、課税取引にはならない。

　よって、CとEが課税取引であり、イ．が正解となる。

3●現金

テキスト第1章第3節

問題 **22** 解答

H29前

正　解　イ

ポイント　簿記上の現金範囲について問う。

解　説

ア．不適切。期日の到来した約束手形は受取手形勘定で処理される。期日の到来した公社債の利札は現金勘定で処理される。

イ．適切。定額小為替はゆうちょ銀行が扱う為替証書であり、現金勘定で処理される。

ウ．不適切。手許の収入印紙は、通常、貯蔵品勘定で処理される。

エ．不適切。税金の還付通知書を受け取っても、通常は簿記上の取引には該当しない。

問題 **23** 解答

H28前

正　解　エ

ポイント　現金預金の処理について、基本的な理解を問う。

解　説

ア．不適切。現金過不足勘定は決算時点で不明残高を精算する。

イ．不適切。当座預金勘定の貸方残高は、決算時に当座借越勘定に振り替える処理が必要となる。

ウ．不適切。インプレストシステムでは、あらかじめ決めた一定の期間ごとに小口現金の補充を行う。

エ．適切。

4 ● 預金

テキスト第1章第3節

問題 **24** 解答

H26後

正　解　イ

ポイント　現金過不足の適正な会計処理方法を問う。

解　説

ア．誤り。

イ．正しい。

ウ．誤り。

エ．誤り。

問題 **25** 解答

H23後

正　解　イ

ポイント　簿記上、現金として記帳する通貨代用証券について正しく理解しているかを確認する。

解　説

　配当金領収証2,000円＋郵便為替証書6,000円＋得意先振出小切手2,500円＋送金小切手4,000円＝14,500円

6●手形　　　　　　　　　　　　　　　　　　テキスト第1章第3節

 解答　　　　　　　　　　　　　　　

正　解　ウ

ポイント　手形の処理について問う。

解　説

ア．不適切。金融手形の貸付側は、手形貸付金勘定で処理する。

イ．不適切。不渡手形代金は額面20,000円＋償還費用500円＝20,500円である。

ウ．適切。

エ．不適切。約束手形の裏書譲渡によって手形代金請求権が消滅するから、貸方に受取手形勘定を計上する。

問題 27 解答　　　　　　　　　　　　　　　

正　解　ウ

ポイント　手形の更改取引の仕訳及び伝票の起票方法について正確に理解しているかを問う。

解　説

　本問の取引の仕訳は次のとおりである。

（単位：円）

（借）	受取手形	5,000	（貸）	受取手形	5,000
	現金	50		受取利息	50

　これを、(i)旧手形と新手形の交換取引と(ii)利息の受取取引に分解して、(i)を振替伝票に、(ii)を入金伝票に記入する。

7●有価証券　テキスト第1章第3節

問題 28 解答　H29前

正解　イ

ポイント　社債の取得とこれに伴う端数利息の処理について問う。

解説

ア．誤り。端数利息の日割計算を行わず半年分の利息を計上している。

イ．正しい。A社社債の取得原価

4,000,000円×96円÷100円＝3,840,000円

4月1日から6月19日までの80日分の端数利息

4,000,000円×3.65％×80日÷365日＝32,000円

ウ．誤り。端数利息の支払いを支払利息として処理しているうえ、端数利息の日割計算を行わず半年分の利息を計上している。

エ．誤り。端数利息の支払いを支払利息として処理している。

問題 29 解答　H28後

正解　ウ

ポイント　有価証券の購入に関する基本的な理解を問う。

解説

・1年以内に満期の到来する社債を購入した場合は、取得原価で有価証券勘定の借方に記入する。

・購入代価に証券会社に支払う売買手数料などの付随費用を加算したものが取得原価となる。

よって、ウが正しい。

A●簿記・会計　＞　3●基本的取引の処理

8●有形固定資産

テキスト第1章第3節

問題 30　解答

H30後

正　解　ア

ポイント　固定資産売却の基本的な処理に関する内容であり、売却損益は売却価額と帳簿価額の差額であることを理解しているかを問う。

解　説

・A社の決算日は3月31日であるので、売却時点までの減価償却費を考慮して売却損益を計算する必要がある。

・年間の減価償却費は 1,200,000円÷5年＝240,000円であるから、2ヵ月分の減価償却費は 240,000円×2/12ヵ月 ＝40,000円 となる。

・売却の損益は　売却価額700,000円－(取得原価1,200,000円－減価償却累計額360,000円－減価償却費40,000円)＝△100,000円

・売却時の仕訳を例示すると、以下のようになる。

（借）未収入金　　　　　700,000　　　　　（貸）備　　品　1,200,000
　　　減価償却累計額　　360,000
　　　減価償却費　　　　 40,000
　　　備品売却損　　　　100,000

ア．正しい。
イ．誤り。当期の減価償却費を考慮していない。
ウ．誤り。売却時点での減価償却累計額の金額である。
エ．誤り。減価償却累計額及び当期の減価償却費を考慮していない。

問題 31　解答

正　解　エ

ポイント　貸借対照表における固定資産の表示、及び流動資産との区分を

理解しているかを問う。

（解 説）

ア．適切。

イ．適切。

ウ．適切。

エ．不適切。原材料や仕掛品は正常な営業循環過程にあると考えられるので、流動資産として表示すべきである。「無形固定資産」には、のれんや特許権などのように1年を超えて収益を産み出すような権利などが表示される。

問題 **32** 解答

（正 解）　イ

（ポイント）　固定資産売却損益は、旧車の簿価と下取り価額との差額として計算されることを理解する。

（解 説）

　　　取得価額　500,000円－減価償却累計額375,000円＝帳簿価額125,000円
　　　売　　価　75,000円－帳簿価額125,000円＝50,000円（損）

仕訳は

（借）	車両運搬具	625,000	（貸）	車両運搬具	500,000
	車両運搬具減価償却累計額	375,000		未払金	550,000
	固定資産売却損	50,000			

よって正解はイである。

10●そのほかの税金 テキスト第1章第3節

正 解 ウ

ポイント 借入の際の負債計上額の処理を理解しているかどうかを確認する。

解 説

ア．誤り。利息（50,000,000円 × 3 ％ = 1,500,000円）は控除して入金されるのであり、それを含めて借入金とするのは誤りである。

イ．誤り。入金額が正しく処理されていない。また、利息の処理も誤りである。

ウ．正しい。

エ．誤り。利息の支払いが仕訳に反映されていない。

ポイント 土地の取得原価に含めるべき項目と費用処理が認められている項目について問う。

解 説

　土地の取得に際して、取得に要した付随費用は取得原価に算入するのが原則であるが、税法規定によれば、不動産取得税、登録免許税、登記に際しての司法書士報酬料については、支出時の費用として処理することが認められている。しかし、仲介手数料については取得原価に含めなければならない。

ア．正しい。

イ．誤り。登録免許税は土地の取得原価に含めないことが税法規定により認められているため。

ウ．誤り。不動産取得税は土地の取得原価に含めないことが税法規定により

　認められているため。

エ．誤り。不動産業者への仲介手数料を土地の取得原価に含めず、支払手数
　　料として費用計上している。

11●そのほかの債権・債務　テキスト第1章第3節

問題 35　解答　　H29後

| 正　解 | エ |

ポイント　従業員の給与に関する債権債務の関係について問う。

解　説

ア．誤り。社員旅行における自己負担金は給料に含まれる。また、社会保険料のうち会社負担分は法定福利費となり、従業員負担分は給料に含めて従業員預り金で処理する。

イ．誤り。給料日後の社会保険料会社負担分の支払い処理まで行っているため。

ウ．誤り。社員旅行における自己負担金は給料に含まれる。また、従業員預り金には社会保険料のうち会社負担分は含めない。

エ．正しい。

問題 36　解答　　H28前

| 正　解 | エ |

ポイント　クレジットカード払いにより売掛金の処理について問う。

解　説

ア．誤り。クレジットカード払いによる掛売上の場合に用いるクレジット売掛金勘定が用いられず売掛金勘定が用いられていることと、支払手数料が計上されていない。

イ．誤り。クレジットカード払いによる掛売上の場合に用いるクレジット売掛金勘定が用いられず売掛金勘定が用いられている。

ウ．誤り。支払手数料が計上されていない。

エ．正しい。

1● 決算手続

テキスト第1章第4節

問題 37 解答

H28前

正 解 ウ

ポイント 決算手続の内容と流れを問う。

解 説

　決算手続は、一定期間を一区切りとして、その期間の利益の額、その時点の資産、負債及び純資産（資本）の額を計算するものであり、日々記帳されている帳簿をいったん締め切って、次の順番（④→③→②→①）で実施する。

　④試算表の作成

　③決算整理

　②帳簿決算

　①財務諸表の作成

ア．誤り。④試算表の作成が、③決算整理及び②帳簿決算の後とされている点が誤り。

イ．誤り。④試算表の作成が③決算整理及び②帳簿決算の後とされており、また、③決算整理が②帳簿決算より後とされている点が誤りである。

ウ．正しい。

エ．誤り。③決算整理が②帳簿決算の後とされている点が誤りである。

2●現金実査

テキスト第1章第4節

問題 38　解答

H29後

正　解　エ

ポイント　決算整理として行われる処理の内容が整理されているかを問う。

解　説

ア．適切。減価償却費を計上する仕訳であり、通常決算整理仕訳として行われる。

イ．適切。売上原価の計算を行う仕訳であり、通常決算整理仕訳として行われる。

ウ．適切。経過勘定項目の整理を行う仕訳であり、通常決算整理仕訳として行われる。

エ．不適切。貸倒れの発生を計上する仕訳であり、実際に貸倒れの事実が生じたときに行われる。したがって、決算整理仕訳ではない。

問題 39　解答

H28後

正　解　ウ

ポイント　現金に含められるものの範囲を理解しているかを問う。

解　説

ア．適切。現金勘定に記入される。

イ．適切。現金勘定に記入される。

ウ．不適切。当座預金勘定に記入される。

エ．適切。現金勘定に記入される。

A●簿記・会計 ＞ 4●決算

3●当座預金の調整

テキスト第1章第4節

問題 **40** 解答

H29後

正 解 イ

ポイント 当座預金勘定の調整において、帳簿の修正が必要なものと、不要なものの判別を理解しているかを問う。

解 説

ア．不適切。3は未通知取引で記帳が必要なため誤り。

イ．適切。1は未取付小切手。4は時間外預入れで、当社の記帳は正しく時間の経過により銀行の残高が修正されるので、ともに仕訳不要である。

ウ．不適切。2、3ともに記帳が必要なため誤り。

エ．不適切。2は未渡し小切手で記帳が必要なため誤り。

1．記帳が不要。未取付小切手。

2．記帳が必要。未渡し小切手。

3．記帳が必要。未通知取引。

4．記帳が不要。時間外預入れ。

よって正解はイである。

問題 **41** 解答

H28前

正 解 エ

ポイント 当座預金の帳簿残高と銀行口座残高に差異が生じた場合の処理を問う。

解 説

仕訳処理は、次のとおり。

1．仕訳なし

２．（借）支払手数料　1,000　（貸）当座預金　1,000

３．仕訳なし

４．（借）当座預金　200,000　（貸）未払金　200,000

したがって、当座預金勘定残高は、

決算整理前11,200,000 －（２.）1,000 ＋（４.）200,000 ＝ 11,399,000円となる。

ア．誤り。１の500,000円を控除し、３の100,000円を控除し、４の200,000円を加算していない。

イ．誤り。１の500,000円を控除し、４の200,000円を加算していない。

ウ．誤り。１の500,000円を控除している。

エ．正しい。

A●簿記・会計　＞　4●決算

4●売上原価の算定
テキスト第1章第4節

問題 42 解答　　　　　　　　　　　　　　　　　　　　　H30後

正　解　ア

ポイント　商品評価損、棚卸減耗損、売上原価の算定方法が理解されているかを問う。

解　説

・売上原価

期首商品300,000＋当期仕入5,000,000－期末商品帳簿棚卸高480,000

＝4,820,000

・棚卸減耗損

（帳簿棚卸数量1,200－実地棚卸数量1,000）×簿価400円＝80,000

・商品評価損

実地棚卸数量1,000×（簿価400－時価300）＝100,000

ア．正しい。

イ．誤り。売上原価＝300,000＋5,000,000－（300,000＋商品評価損120,000）

＝4,880,000

ウ．誤り。売上原価＝300,000＋5,000,000－（300,000＋商品評価損100,000）

＝4,900,000

エ．誤り。売上原価＝300,000＋5,000,000－300,000（注）＝5,000,000

（注）期末商品棚卸高（480,000－100,000－80,000＝300,000）で計算。

　　　　商品評価損（400－300）×1200＝120,000

　　　　棚卸減耗損（1200－1000）×300＝60,000

問題 43 解答　　　　　　　　　　　　　　　　　　　　　H26前

正　解　イ

ポイント 棚卸減耗費及び商品評価損に関する処理方法を問う。

解 説

棚卸減耗費：(100－96)個×1,280円＝5,120円

商品評価損：(1,280－1,275)円×96個＝480円

期末商品棚卸高：100個×1,280円＝128,000円

150,000円＋1,850,000円－128,000円＋480円＝1,872,480円

ア．誤り。棚卸減耗費及び商品評価損を共に売上原価に含めていないが、商品評価損は売上原価に含めるとの記載があるため。

イ．正しい。

ウ．誤り。商品評価損を売上原価に含めず、棚卸減耗費を原価に含めているため。

エ．誤り。棚卸減耗費及び商品評価損を共に売上原価に含めているが、棚卸減耗費は販売費及び一般管理費で処理するとの記載があるため。

問題 44 解答 H26後

正 解 ウ

ポイント 商品取引の決算整理ができるかを確認する。

解 説

本問では、棚卸資産の評価について特に指定はないが、トレーディング目的でなく「通常の販売目的で保有」しているため、時価による評価は行われない。したがって、期末商品棚卸高は1,750千円を使用する。

売上原価＝期首商品棚卸高＋当期商品仕入高－期末商品棚卸高　より、

売上原価＝2,000千円＋9,000千円－1,750千円＝9,250千円

よってウが正しい。

5●貸倒引当金　　　　　　　　　　　　　　　　テキスト第1章第4節

問題45 解答　　　　　　　　　　　　　　H30前

正解　イ

ポイント　差額補充法による貸倒引当金設定方法の理解を問う。

解説

ア．誤り。債権債務相殺後の金額に対して差額補充法で貸倒引当金を設定している。

イ．正しい。売掛金7,500,000円＋受取手形4,000,000円
　　　　　　＋長期貸付金3,000,000円＝14,500,000円
　　　　14,500,000円×2％－貸倒引当金150,000円＝140,000円

ウ．誤り。債権債務相殺後の金額に対して貸倒引当金を設定している。

エ．誤り。決算整理前の貸倒引当金残高を考慮していない。

問題46 解答　　　　　　　　　　　　　　H30後

正解　ウ

ポイント　売上債権に対する貸倒引当金の設定が正しくできるかを問う。

解説

　決算整理後の売掛金残高は資料の「2.」「3.」の記載より
　　2,200,000－354,000－135,000＝1,711,000となる。
　売上債権には受取手形も含まれるので、決算整理後の売上債権残高は
　　1,711,000＋750,000＝2,461,000となる。
　売上債権残高に対して2％の貸倒引当金を設定するので
　　2,461,000×2％＝49,220となる。

ア．誤り。決算整理後の売掛金のみに対する貸倒引当金を計算している。

イ．誤り。決算整理前の売掛金のみに対する貸倒引当金を計算している。

ウ．正しい。

エ．誤り。決算整理前の売上債権に対する貸倒引当金を計算している。

問題
47 解答

H27後

正　解　　ウ

ポイント　引当金の設定要件を理解しているかを問う。

解　説

ア．適切。設定要件に該当する。

イ．適切。設定要件に該当する。

ウ．不適切。「将来発生する」ではなく「当期以前においてすでに発生している」

エ．適切。設定要件に該当する。

●参考文献

・企業会計原則注解18「引当金について」

A●簿記・会計 ＞ 4●決算

6●減価償却

テキスト第1章第4節

問題 **48** 解答

H30前

正解　エ

ポイント　定率法による減価償却費の計算方法について理解しているかを問う。

解説

機械は第2期の期首から使用をしていることから、第2期から減価償却する。

機械の取得原価をX円とすると、各期の減価償却費は、

第2期：0.2X

第3期：$0.2(X - 0.2X) = 0.16X$

第4期：$0.2(X - 0.2X - 0.16X) = 0.128X$

第5期：$0.2(X - 0.2X - 0.16X - 0.128X) = 0.1024X$

第5期末の減価償却累計額：$0.2X + 0.16X + 0.128X + 0.1024X = 0.5904X$
　　= 2,656,800円

よって、X = 4,500,000円

第6期の減価償却費：$0.2(4,500,000 - 2,656,800) = 368,640$円

第6期末の帳簿価額：$4,500,000 - 2,656,800 - 368,640 = 1,474,560$円

ア．誤り。当期の減価償却費である。

イ．誤り。機械減価償却累計額2,656,800円×償却率20% = 531,360円である。

ウ．誤り。定額法による場合の毎期の減価償却費664,200円である。

エ．正しい。

問題 **49** 解答

H30前

正解　ウ

ポイント　減価償却方法と年度の途中で購入した固定資産の償却方法について理解しているかを問う。

解 説

正しい減価償却費は以下のとおり

建物：3,000,000円×20％×12カ月/12カ月＝600,000円

備品：300,000円×１年/５年×９カ月/12カ月＝45,000円

車両：1,500,000円×20,000km/100,000km＝300,000円

合計：945,000円

ア．誤り。車両について生産高比例法で計算したのち、月割計算を行ったため償却費が100,000円となっている。

イ．誤り。建物と備品の償却を購入翌月から行っている。

ウ．正しい。

エ．誤り。備品について月割償却を行っていないため償却費を60,000円と算出している。

 問題 50 解答

正 解　ウ

ポイント　減価償却に関する基本的な理解を問う。

解 説

ア．適切。

イ．適切。

ウ．不適切。定率法は固定資産の帳簿価額（取得原価－前期までの減価償却累計額）に一定の償却率を乗じて減価償却費を計算する方法である。

エ．適切。

 問題 51 解答

正 解　ア

ポイント 減価償却の対象資産を認識しているか否かを問う。

解説

ア．不適切。建物部分のみ減価償却すべきところを、土地も減価償却してしまった。土地は減価償却の対象とならない。

イ．適切。建物を建設したので、土地は含まれない。

ウ．適切。備品は減価償却対象資産である。

エ．適切。車両は減価償却対象資産である。

7●有価証券の評価
テキスト第1章第4節

問題 52 解答
H29後

正　解　ア

ポイント　有価証券の分類と評価方法を理解しているかを問う。

解　説

ア．正しい。その他有価証券評価差額金：D社株式（1,900－1,500）＝400

　　有価証券評価損合計額：C社株式（2,000－800）＝1,200

イ．誤り。その他有価証券評価差額金：A社株式（1,500－1,200）＋D社株式

　　（1,900－1,400）＝800、

　　有価証券評価損合計額：C社株式（800－1,050）＋B社社債（960－990）

　　＝△280 としている。

ウ．誤り。その他有価証券評価差額金：A社株式（1,500－1,000）＋B社社債

　　（960－990）＋D社株式（1,900－1,500）＝870、

　　有価証券評価損合計額：C社株式（1,050－800）＝250 としている。

エ：誤り。その他有価証券評価差額金：A社株式（1,500－1,000）＋D社株式

　　（1,900－1,500）＝900、

　　有価証券評価損合計額：C社株式（2,000－800）＋B社社債（990－960）＝

　　1,230 としている。

問題 53 解答
H26後

正　解　ア

ポイント　有価証券の処理について問う。有価証券で処理すべきものとの混同がないか確認する。

解　説

ア．不適切。有価証券ではなく、通貨代用証券である。

イ．適切。

ウ．適切。

エ．適切。

8 ● 経過勘定項目

テキスト第1章第4節

問題 54 解答

H27後

正解　イ

ポイント　債権債務の計上科目を正しく理解しているかどうかを問う。

解説

ア．不適切。売上代金の翌期への繰越しは売掛金として処理される。

イ．適切。商品の納入前に売上代金の一部が収受されたものである。実際の契約完了時に売上を認識し、それまでは前受金として処理される。

ウ．不適切。入金期日が到来したにもかかわらず未入金の金額は未収金として処理される。

エ．不適切。購入契約に際して支払った手付金は前渡金として処理される。

問題 55 解答

H24後

正解　エ

ポイント　決算整理における経過勘定項目の処理ができるかを問う。

解説

支払利息勘定残高50,000円 ＋ 再振替（前払利息600円 － 未払利息500）＋ 見越分（未払利息）1,000円 － 繰延分（前払利息）800円 ＝ 50,300円

ア．誤り。再振替及び当期の見越・繰延分が考慮されていない。

イ．誤り。再振替について前払利息を控除して未払利息を加算している。

ウ．誤り。再振替が考慮されていない。

エ．正しい。

9● 未払消費税　テキスト第1章第4節

問題
56 解答

正　解　エ

ポイント　未払消費税の計上について正しく理解しているかを問う。

解　説

ア．影響する。租税公課1,100円を計上するので当期の損益を減少させる。

イ．影響する。租税公課1,000円を計上するので当期の損益を減少させる。

ウ．影響する。仮受消費税3,000円－仮払消費税2,000円と未払消費税1,100円の差額について雑損失100円を計上するので、当期の損益を減少させる。

エ．影響しない。仮受消費税3,000円－仮払消費税2,000円と未払消費税1,000円が一致するので、当期の損益に影響しない。

11●未払法人税等の算定　テキスト第1章第4節

問題 57 解答　H30前

正解　エ

ポイント　法人税等及び未払法人税等の算定について正しく理解しているかを問う。

解説

ア．適切。

イ．適切。

ウ．適切。

エ．不適切。未払法人税等の額は、中間納付額を控除して算定される。

A●簿記・会計 ＞ 5●財務諸表の作成・純試算

1●帳簿決算 テキスト第1章第5節

問題**58** 解答 H27前

正 解 ウ

ポイント

・決算予備手続における残高試算表の位置づけが理解できているかを問う。
・決算を行う直前の残高を問う。

解 説

＜決算予備手続＞

試算表の作成→棚卸表の作成・決算整理手続の実施

なお、決算までの仕訳を示すと次のようになる。

X2年1月1日：（借）未払利息 12,000 （貸）支払利息 12,000
　　 2月28日：（借）支払利息 18,000 （貸）当座預金 18,000
　　 8月31日：（借）支払利息 18,000 （貸）当座預金 18,000

ア．誤り。再振替の金額のみが計算されている。
イ．誤り。再振替の金額が18,000円として計算されている。
ウ．正しい。
エ．誤り。再振替が考慮されていない。

問題**59** 解答 H27後

正 解 イ

ポイント 決算整理手続における費用の見越し計上が理解できているかを問う問題である。すなわち費用の見越しは、決算日現在において既に用役の提供を受けたが、その対価を支払っていない場合に必要となる手続である。

解 説

当期における最終利払日（8月31日）の翌日から決算日（12月31日）まで

の利息は決算日現在支払われていない。よって、この期間分の利息も当期の費用として見越し計上しなければならない。1,000,000円×3.6％×4カ月／12カ月＝12,000円

ア．誤り。費用の繰延べ手続の際に行われる決算整理仕訳である。
イ．正しい。
ウ．誤り。翌期首（Ｘ３年１月１日）に行われる再振替仕訳である。
エ．誤り。費用の繰延べ手続の際に行われる決算整理仕訳である。

●参考文献
・企業会計原則・同注解【注5】参照

 解答

正 解 エ

ポイント 棚卸資産の販売による収益は、棚卸資産の引渡し日、すなわち本問では出荷した日に認識する。この点を理解しているかを問う。

解 説

通常の信用販売においては、商品の販売（引渡し）をもって収益の認識を行う販売基準（引渡基準）が適用される。ここでの「引渡し」とは、売り手側が商品を自由に処分し得る（支配し得る）状況ではなくなることを意味する。

そこで本問における「引渡し」とは、＜資料１＞によると商品を出荷した時点であり、乙商店はその時点で収益を認識している。したがって、乙商店はこの「出荷基準」により適正に収益を認識しているので、乙商店側の会計記録を調整する必要はないし、もちろん、甲商店に会計記録の訂正を求める必要もない。

なお、「収益認識に関する会計基準」を適用すると、商品を顧客に引渡し、顧客が商品に対する支配を獲得し、そこで履行義務が充足されるのは、原則として商品の検収が完了したときである。ただし、商品が国内販売であり、出荷時から当該商品の支配が顧客に移転される時までの期間が通常の期間で

ある場合には、出荷基準によって収益を認識することができる。

ア．誤り。

イ．誤り。

ウ．誤り。

エ．正しい。

●参考文献

・企業会計原則「第二　損益計算書原則」3 B

・「収益認識に関する会計基準」第40項

・「収益認識に関する会計基準の適用指針」第98項

3●利益剰余金の配当　　　　　　　　テキスト第1章第5節

問題 **61** 解答　　　　　　　　　　　　　　　　　　　　H30後

正　解　ア

ポイント　繰越利益剰余金勘定の記帳内容を理解しているかどうかを問う。

解　説

ア．誤り。本来、以下の仕訳が行われる。

　（借）　損　　　益　70,000　（貸）　法人税、住民税及び事業税　70,000

イ．正しい。損益勘定において当期純利益が算出されたことを示しているので、誤りではない。

ウ．正しい。損益勘定において当期純損失が算出されたことを示しているので、誤りではない。

エ．正しい。株主総会において配当決議がなされたことを示しているので、誤りではない。

問題 **62** 解答　　　　　　　　　　　　　　　　　　　　H29後

正　解　ア

ポイント　当期純利益は純資産の増加を意味するため、当期純利益の額を繰越利益剰余金勘定へ振り替えることを理解する。

解　説

　振替前の損益勘定の残高は、売上20,000,000円＋受取家賃720,000円－（売上原価6,000,000円＋役員報酬5,000,000円＋給料3,600,000円＋支払手数料150,000円）＝5,970,000円である。

　これにより、法人税等の額は5,970,000円×30％＝1,791,000円と計算され、振替額は5,970,000円－1,791,000円＝4,179,000円となる。

ア．正しい。

イ．誤り。損益勘定の残高について、法人税等を控除していない振替処理前
　の金額となっている。

ウ．誤り。振替額について、法人税等を控除していない。

エ．誤り。振替額について、法人税等を控除していない。また、損益勘定の
　残高について、振替処理前の額となっている。

A●簿記・会計　＞　6●帳簿・伝票

1●証憑　　　　　　　　　　　　　　　　　　テキスト第1章第6節

問題 63 解答　　　　　　　　　　　　　　

正　解　　エ

ポイント　　会計記録の基礎資料として用いられる証憑の種類について正しく理解しているかを問う。

解　説

ア．適切。

イ．適切。

ウ．適切。

エ．不適切。仕入取引、出金取引の証憑である。

A●簿記・会計 ＞ 6●帳簿・伝票

2●**主要簿**　テキスト第1章第6節

問題 **64** 解答　H30前

正解　ア

ポイント　主要簿に関する基本的な理解ができているかを問う。

解説

ア．不適切。仕訳帳に関する記述である。

イ．適切。

ウ．適切。

エ．適切。

問題 **65** 解答　H29後

正解　ウ

ポイント　主要簿と補助簿の区別について正しく理解できているかを問う。

解説

ア．不適切。補助簿である。

イ．不適切。補助簿である。

ウ．適切。

エ．不適切。補助簿である。

3●補助簿　　　　　　　　　　　　　テキスト第1章第6節

問題 66 解答　　　　　　　　　　　　　　　　H30後

正　解　エ

ポイント　総勘定元帳及び補助元帳に関する理解を問う。

解　説

ア．不適切。人名勘定は、取引先別に債権・債務を明らかにすることができて便利ではあるが、取引先が多くなると、人名勘定も多数必要となり、記帳が煩雑化し、かえって不便となる。

イ．不適切。総勘定元帳に売掛金勘定及び買掛金勘定を設けて記帳し、人名勘定の内容については、売掛金元帳を取引先ごとに補助元帳として用いることがあるのであり、強制ではない。

ウ．不適切。買掛金も売掛金と同様に管理することが必要である。

エ．適切。

問題 67 解答　　　　　　　　　　　　　　　　H28前

正　解　エ

ポイント　商品の払出単価の計算方法及び当該計算方法が物価上昇時における在庫金額に与える影響について理解しているかを問う。

(解 説)

ア．先入先出法

商 品 有 高 帳

（品名）A商品　　　　　　　　（単位：個、円）

X1年		摘　要	受　入			払　出			残　高		
			数量	単価	金額	数量	単価	金額	数量	単価	金額
4	1	前期繰越	4	600	2,400				4	600	2,400
	5	仕　入	12	660	7,920				{ 4	600	2,400
									12	660	7,920
	10	売　上				4	600	2,400	12	660	7,920
	15	仕　入	8	720	5,760				{ 12	660	7,920
									8	720	5,760
	20	売　上				{ 12	660	7,920			
						2	720	1,440	6	720	4,320
	30	次月繰越				6	720	4,320			
			24		16,080	24		16,080			

売上原価（＝払出金額合計）：2,400円＋7,920円＋1,440円＝11,760円

期末在庫：4,320円

イ．最終仕入原価法　　@720×期末在庫数量6個＝4,320円

ウ．移動平均法

商 品 有 高 帳

（品名）A商品　　　　　　　　（単位：個、円）

X1年		摘　要	受　入			払　出			残　高		
			数量	単価	金額	数量	単価	金額	数量	単価	金額
4	1	前期繰越	4	600	2,400				4	600	2,400
	5	仕　入	12	660	7,920				16	645	10,320
	10	売　上				4	645	2,580	12	645	7,740
	15	仕　入	8	720	5,760				20	675	13,500
	20	売　上				14	675	9,450	6	675	4,050
	30	次月繰越				6	675	4,050			
			24		16,080	24		16,080			

売上原価（＝払出金額合計）：2,580円＋9,450円＝12,030円

期末在庫：4,050円

エ．総平均法

商 品 有 高 帳

（品名）A商品　　　　　　　　　（単位：個、円）

X1年		摘　要	受　入			払　出			残　高		
			数量	単価	金額	数量	単価	金額	数量	単価	金額
4	1	前期繰越	4	600	2,400				4		
	5	仕　入	12	660	7,920				16		
	10	売　上				4			12		
	15	仕　入	8	720	5,760				20		
	20	売　上				14			6		
			24	670	16,080	18	670	12,060	6	670	4,020
	30	次月繰越				6	670	4,020			
			24		16,080	24		16,080			

売上原価（＝払出金額合計）：12,060円

期末在庫：4,020円

問題 **68** 解答 H25前

正 解　　イ

ポイント　先入先出法による単価計算を問う。

解 説

・10/12の売上原価　20×800（前月繰越分）＋10×845（7/5仕入分）＝24,450円

・3/26の売上原価　30×845（7/5仕入分）＋30×880（2/20仕入分）＝51,750円

・売上原価　24,450＋51,750＝76,200円

問題 **69** 解答 H25前

正 解　　ア

ポイント　移動平均法による単価計算を問う。

解 説

・10/12の売上原価

売上単価は　20×800（前期繰越分）＋40×845（7/5仕入分）÷（20＋40）個
　　＝830円

$830 \times 30 = 24,900$円

・3/26の売上原価

売上単価は　30×830（10/12現在の残）$+ 50 \times 880$（2/20仕入分）$\div (30 + 50)$個

$= 861.25$円

$861.25 \times 60 = 51,675$円

売上高は　$30 \times 1,000 + 60 \times 1,050 = 93,000$円

売上総利益は　$93,000$円$- (24,900 + 51,675) = 16,425$円

ア．正しい。

イ．誤り。先入先出法によった場合の数値である。

ウ．誤り。

エ．誤り。売上総利益ではなく売上原価の数値である。

問題
70 解答

正解　イ

ポイント　簿記の基本原理である「貸借平均の原理」を理解し、財務諸表作成までのプロセスを理解しているかを問う。

解説

ア．誤り。

イ．正しい。

＜資料1＞より

$721,500$（借方）$- 315,000$（貸方）$= 406,500$（借方）

$406,500 - 234,000$（乙商店）$- 96,000$（丙商店）$= 76,500$（甲商店）

ウ．誤り。

エ．誤り。

4 ●伝票　　　　　　　　　　　　　　　　　　　　　テキスト第1章第6節

問題 71 解答　　　　　　　　　　　　　　　　　　　　H30前

| 正 解 | ウ |

ポイント　　三伝票制を採用している場合の一部現金取引に関する伝票起票方法を理解しているかを問う。

解 説

ア．誤り。掛取引部分のみを起票している。

イ．誤り。取引全体の仕訳を示している。

ウ．正しい。振替伝票は取引全体を掛で行ったものとし、その直後に売掛金を現金で回収したものと擬制して、入金伝票と振替伝票を起票している。

エ．誤り。入金伝票の仕訳である。

問題 72 解答　　　　　　　　　　　　　　　　　　　　H28前

| 正 解 | エ |

ポイント　　三伝票制を理解しているかを問う。

解 説

　それぞれの取引の伝票記入は以下のとおり。（単位：円）

(1)　伝票

　1．＜振替伝票＞

　　　　（借）仕　　入　　　3,000　　　（貸）買　掛　金　　　3,000

　2．＜入金伝票＞

　　　　（借）現　　金　　　　200　　　（貸）受取利息　　　　200

　3．いったん全額を掛売上し、その直後に売掛代金2,000円を現金で回収したと擬制する。

　　　　＜振替伝票＞

　　　　（借）売　掛　金　　　6,000　　　（貸）売　　上　　　6,000

149

<入金伝票>

　　（借）現　　　金　　2,000　　　（貸）売 掛 金　　2,000

4．買掛代金の全額をいったん現金で決済し、その直後に現金割引分の返
　金を受けたと擬制する。

　　<出金伝票>

　　（借）買 掛 金　　1,500　　　（貸）現　　　金　　1,500

　　<入金伝票>

　　（借）現　　　金　　　150　　　（貸）仕入割引　　　150

5．<出金伝票>

　　（借）通 信 費　　　540　　　（貸）現　　　金　　　540

(2)　仕訳日計表

　上記仕訳の勘定科目別合計額を集計する。

仕訳日計表

借　方	勘定科目	貸　方
2,350	現　　　金	2,040
6,000	売 掛 金	2,000
1,500	買 掛 金	3,000
	売　　　上	6,000
	受 取 利 息	200
	仕 入 割 引	150
3,000	仕　　　入	
540	通 信 費	
13,390		13,390

ア．誤り。仕訳日計表の合計額ではなく、残高金額である。

イ．誤り。仕訳日計表の借方側（現金、売掛金、買掛金）の合計金額である。

ウ．誤り。一部現金取引について、取引を分解する方法によっている。

エ．正しい。

1●金融商品取引法における財務諸表　テキスト第2章第1節

問題 73 解答　H30前

正解　イ

ポイント　金融商品取引法における開示制度及び財務諸表について正しく理解しているかどうかを問う。

解説

ア．不適切。上場会社は、四半期報告書及び有価証券報告書を作成・開示することが必要である。

イ．適切。正しい。

ウ．不適切。金融商品取引法における財務諸表は、貸借対照表、損益計算書、株主資本等変動計算書、キャッシュ・フロー計算書及び附属明細表である。

エ．不適切。財務諸表の様式や表示科目、注記事項については、「財務諸表等の用語、様式及び作成方法に関する規則」に従わなければならない。

問題 74 解答　H28前

正解　エ

ポイント　特別損失の区分表示の意味が理解できているかを問う。

解説

ア．不適切。

イ．不適切。

ウ．不適切。

エ．適切。特別損失項目は、当期の経常的な活動に無関係な臨時異常な損失項目と過年度の修正損項目から構成され、リストラに伴う損失（例えば、割増退職金や固定資産売却損など）は前者に該当する。

B●財務諸表の基礎 ＞ 1●財務諸表

2●会社法における計算書類

テキスト第2章第1節

問題
75 解答

正解 イ

ポイント 会社法上における計算書類に関する基本的な理解を問う。

解説

ア．含まれる。

イ．含まれない。キャッシュ・フロー計算書は金融商品取引法の財務諸表には含まれるが、会社法上の計算書類には含まれない。

ウ．含まれる。

エ．含まれる。

問題
76 解答

正解 エ

ポイント 会社法における計算書類（開示）に関連した基礎知識を問う。

解説

ア．誤り。 株主資本等変動計算書は、株主資本等の変動の有無にかかわらず作成しなければならない。

イ．誤り。取締役は、定時株主総会開催日の2週間前までに監査済みの計算書類等を添付した株主総会招集通知を各株主へ送付しなければならない。

ウ．誤り。 計算書類の記載方法は、法務省令である「会社計算規則」に従わなければならない。

エ．正しい。個別注記表には、重要な会計方針や貸借対照表の記載項目の詳細情報などがある。

3 ● 中小企業の計算書類　　　　　　　　　　　　　　　テキスト第2章第1節

問題
77 解答　　　　　　　　　　　　　　　　　　　　　　　H30前

正　解　エ

ポイント　「中小企業の会計に関する基本要領」、「中小企業の会計に関する指針」の適用範囲について正しく理解しているかを問う。

解　説

ア．不適切。金融商品取引法の適用を受ける会社並びにその子会社・関連会社、会計監査人を設置する会社及びその子会社については、「中小企業の会計に関する基本要領」又は「中小企業の会計に関する基本要領」の適用対象外である。

イ．不適切。会計監査人設置会社の子会社である中小企業は、「中小企業の会計に関する基本要領」の適用対象外である。

ウ．不適切。金融商品取引法適用会社の関連会社である中小企業は、「中小企業の会計に関する基本要領」の適用対象外である。

エ．適切。

問題
78 解答　　　　　　　　　　　　　　　　　　　　　　　H29前

正　解　ウ

ポイント　中小企業の実態を踏まえて、会計処理等につき、どのような配慮がなされているかの理解を問う。

解　説

　中小企業の会計について、その実態に即した簡便性に配慮しながらも、会計原則を著しく逸脱した会計処理は当然に認められない。

　この点を念頭に置けば、容易に正解が導かれるであろう。

ア．誤り。現金主義によって収益認識はしない。

イ．誤り。両者の時価によって按分し、取得原価を算定する。

ウ．正しい。

エ．誤り。貸借対照表、株主資本等計算書及び個別注記表も作成する。

4●財務諸表のしくみ　　　　　　　　　　テキスト第2章第1節

問題 **79** 解答　　　　　　　　　　　　　　　　　H26前

| 正 解 | エ |

ポイント　剰余金の処分と財務諸表との関係が理解されているかを問う。

解 説

・X2年6月26日

　　（借）　繰越利益剰余金　1,000,000　　（貸）　未払配当金　1,000,000

・X2年6月29日

　　（借）　未払配当金　　　1,000,000　　（貸）　当座預金　　1,000,000

問題 **80** 解答　　　　　　　　　　　　　　　　　H26後

| 正 解 | エ |

ポイント　財務諸表に関する基本的な知識を確認する。

解 説

　有価証券報告書は、金融商品取引所（証券取引所）に株式公開している会社等が金融庁への提出を義務付けられており、内容は事業期間ごとに作成する企業内容の外部への開示資料であり、財務諸表は主要項目のひとつである。

　よってエが誤りで、他は正しい。

ア．適切。

イ．適切。

ウ．適切。

エ．不適切。

解答

正解 エ

ポイント 純資産の部における株主資本の構成要素が理解できているかを問う。

解説

　貸借対照表の純資産の部は、「株主資本」、「評価・換算差額等」、「新株予約権」の3つの区分に分けて表示される。

　さらに株主資本は、「資本金」、「資本剰余金」、「利益剰余金」、「自己株式」に区分して表示される。

　利益剰余金は、「利益準備金」と「その他利益剰余金」に区分され、さらに後者は、「任意積立金」と「繰越利益剰余金」に細分される。

　評価・換算差額等の区分には、「その他有価証券評価差額金」、「繰延ヘッジ損益」、「土地再評価差額金」がある。これらの科目は、払込資本ではなく、また、損益計算書を経由することなく、純資産の部に直接計上されるので、株主資本とは区別して表示される。

 解答

正解 ウ

ポイント 収益と費用の勘定を締め切るための決算振替仕訳を理解しているかを問う。

解説

　収益と費用の勘定を締め切るための手続は次の手順で行われる。

・収益と費用の各勘定の残高を損益勘定に振り替える。

（借）売上	200,000	（貸）損益	200,000		
（借）損益	190,000	（貸）仕入	120,000		
		（貸）給料	70,000		

よって、当該仕訳によりウが正解となる。

なお、繰越利益剰余金勘定の記帳は次のとおりとなる。

繰越利益剰余金　　　　（単位：千円）

6/27	利 益 準 備 金	100	4/ 1	前 期 繰 越	3,300
〃	未 払 配 当 金	1,000	3/31	損　　　　益	10,000
〃	別 途 積 立 金	200			
3/31	次 期 繰 越	12,000			
		13,300			13,300

問題 83 解答

正 解　イ

ポイント　株主資本等変動計算書の基本的な仕組みと繰越利益剰余金勘定との関連が理解できているかを問う。

解 説

株主資本等変動計算書における繰越利益剰余金の前期末残高は、＜資料２＞の繰越利益剰余金勘定の前期繰越高に相当する。

なお、株主資本等変動計算書を示すと次のようになる。

株主資本等変動計算書
（自X１年４月１日　至X２年３月31日）　　（単位：千円）

	株　　主　　資　　本						純資産合計
	資本金	利 益 剰 余 金				株主資本合計	
		利 益準備金	その他利益剰余金		利 益剰余金合計		
			別 途積立金	繰越利益剰余金			
前期末残高	35,000	1,400	300	3,300	5,000	40,000	40,000
当期変動額							
別途積立金の積立			200	△200	0	0	0
剰余金の配当		100		△1,100	△1,000	△1,000	△1,000
当期純利益				10,000	10,000	10,000	10,000
当期変動額合計		100	200	8,700	9,000	9,000	9,000
当期末残高	35,000	1,500	500	12,000	14,000	49,000	49,000

問題
84 解答

正　解　　ウ

ポイント　　問題82を参照のこと。

解　説

　問題82の〈資料1〉を参照のこと。

　参考として利益準備金勘定の記入を示すと次のようになる。

		利益準備金			（単位：千円）
3/31	次期繰越	1,500	4/1	前期繰越	1,400
			6/27	繰越利益剰余金	100
		1,500			1,500

　よって、次期繰越1,500千円が株主資本等変動計算書における利益準備金の当期末残高に相当する（問題82解説参照）。

1●財務諸表分析の基礎　　テキスト第2章第2節

問題 **85** 解答　　H29前

| 正　解 | ウ |

ポイント　財務諸表の読取りに関する基本的な知識を問う。

解　説

ア．適切。

イ．適切。

ウ．不適切。代表的な財務指標を分析するだけで企業の優劣や将来性を判断することはできない。いずれの財務指標も、企業の業種や置かれている状態によって判断基準は異なる。一概に何％以上が良い、悪いといった絶対的な基準は存在しない。

エ．適切。

問題 **86** 解答　　H27前

| 正　解 | エ |

ポイント　損益計算書の利益区分の性格を理解しているかを問う。

解　説

ア．適切。

イ．適切。

ウ．適切。

エ．不適切。売上総利益がプラスであっても、営業利益がマイナスであれば、企業を維持するためのコストは回収できていない可能性が高い。

問題 **87** 解答

正 解　エ

ポイント　貸借対照表における表示区分を理解しているかどうかを問う。

解 説

ア．適切。

イ．適切。

ウ．適切。

エ．不適切。長期前払費用については、貸借対照表上、投資その他の資産に区分表示される。

問題 **88** 解答

正 解　エ

ポイント　損益計算書の損益計算区分とその関係についての理解を確認する。

解 説

ア．適切。売上高経常利益率の方が高いということは、営業外収益に営業外費用を上回る金額が計上されていることを意味している。したがって、営業外収益項目である受取配当金や有価証券売却益が大きく計上されている可能性があると考えられる。

イ．適切。仕入高が大きくても、期末棚卸資産の金額が大きければ、売上原価が小さくなり、売上総利益がプラスになる可能性がある。

ウ．適切。経常利益がマイナスであったとしても、特別利益に大きな金額が計上されていれば、当期純利益がプラスになることはあり得る。

エ．不適切。売上高よりも販売費及び一般管理費の金額が大きい場合、営業利益はマイナスになると考えられるが、営業外収益によって経常利益がプラスになることはあり得る。

問題 89 解答

正　解　イ

ポイント　貸借対照表に関する基本的な知識を問う。損益計算書に関する知識との混同がなければ、容易に正解を選択できる。

解　説

ア．適切。

イ．不適切。貸借対照表は、企業における資金の調達と運用のバランスを示すものである。

ウ．適切。

エ．適切。

2●成長性分析

テキスト第2章第2節

問題
90 解答

H30後

正 解 エ

ポイント 市場成長率と売上成長率の関係による製品ライフサイクル仮説を理解しているかを問う。

解 説

ア．不適切。成長期には、激しい競争が行われているため、売上の成長は高いが利益はなかなか確保できない。

イ．不適切。開発期には、市場は成長しているが、自社の成長は伸び悩み、新たな製品開発が必要になる。

ウ．不適切。成熟期には、市場は鈍化しているが、自社の成長率は高い。製品に競争力があり"勝ち組"になりつつある。

エ．適切。

問題
91 解答

H29前

正 解 ウ

ポイント 成長性分析に関する基礎的な理解を問う。

解 説

ア．適切。

イ．適切。

ウ．不適切。EDINET等で公表されている有価証券報告書には、附属明細書及びキャッシュ・フロー計算書が記載されており、設備投資の増減額を概ね把握することが可能である。

エ．適切。

3 ●安全性分析

問題
92 解答

正　解　エ

ポイント　安全性分析に必要な指標の算定方法を理解しているかを問う。

解　説

ア．誤り。　純資産（800,000）÷総資産（1,200,000）＝66.66……％、
　　　　　（流動資産900,000－棚卸資産270,000）÷純資産（800,000）
　　　　　＝78.75％

イ．誤り。　流動資産（900,000）÷総資産（1,200,000）＝75％、
　　　　　（流動資産900,000－棚卸資産270,000）÷総資産（1,200,000）
　　　　　＝52.5％

ウ．誤り。　流動資産（900,000）÷（流動負債300,000＋固定負債100,000）
　　　　　＝225％
　　　　　（流動資産900,000－棚卸資産270,000）÷（流動負債＋固定負債）
　　　　　＝157.5％

エ．正しい。流動比率：流動資産（900,000）÷流動負債（300,000）＝300％
　　　　　当座比率：（流動資産900,000－棚卸資産270,000）÷流動負債
　　　　　（300,000）＝210％

問題
93 解答

正　解　エ

ポイント　安全性分析について正しく理解しているかを問う。

解　説

ア．不適切。流動比率は流動負債に占める流動資産の割合を示す指標である。

イ．不適切。正味運転資本がプラスであっても資金的余裕があるとは限らない。

ウ．不適切。在庫が多くなると流動比率よりも当座比率の方が低くなる。

エ．適切。自己資本80,000千円÷総資産200,000千円×100＝自己資本比率40％

4●収益性分析　　　　　　　　　　テキスト第2章第2節

問題94 解答　　　　　　　　　　H29前

正　解　ウ

ポイント　財務諸表から成長性分析に関する読取りができるかを問う。

解　説

ア．不適切。A社の売上高総利益率は50.45％なので３ポイント低下すると47.45％となる。売上高が６％増加すると1,782,688千円となるので、売上高総利益は1,782,688×47.45％＝845,885千円となり、当期より減少している。

イ．不適切。経常利益率は営業利益率より高くなっているが、当期純利益率は経常利益率より低い。

ウ．適切。ROEをデュポンシステムにより分解すると、ROE（15.2％）＝売上高純利益率（7.0％）×総資本回転率（1.45）×財務レバレッジ（1.50）となる。

エ．不適切。販管費の総額が10％削減できれば、営業利益は67,186千円増加するので、38％増加することになる。

問題95 解答　　　　　　　　　　H29後

正　解　ウ

ポイント　収益性分析に関する基本的な理解を問う。

解　説

ア．適切。

イ．適切。

ウ．不適切。ROEが高くなる場合として、自己資本が縮小し、財務安全性に疑義が生じるようなケースも考えられるので、自己資本比率等の財務健全性を検討する必要がある場合もある。

エ．適切。

B●財務諸表の基礎 ＞ 2●財務諸表の分析

 5●キャッシュ・フロー分析 テキスト第2章第2節

問題 **96** 解答

| 正 解 | ア |

ポイント キャッシュ・フロー分析について理解できているかを問う。

解 説

ア．適切。

イ．不適切。フリー・キャッシュ・フローは、営業活動によるキャッシュ・フロー＋投資活動によるキャッシュ・フローである。

ウ．不適切。金融機関からの借り入れによって増えるのは財務活動よるキャッシュ・フローであり、フリー・キャッシュ・フローは増えない。

エ．不適切。必要な投資は行うべきである。

問題 **97** 解答

| 正 解 | イ |

ポイント キャッシュ・フロー分析に関する基礎的な理解を問う。

解 説

ア．適切。

イ．不適切。投資活動によるキャッシュ・フローの中身は、事業を維持拡大していくための支出が主な内容であり、マイナスになるのが一般的である。また、投資の成果は営業活動によるキャッシュ・フローに反映されていくことになる。

ウ．適切。

エ．適切。

H28後

正 解 ウ

ポイント キャッシュ・フロー分析について正しく理解しているかを問う。

解 説

ア．不適切。営業キャッシュ・フロー・マージンは、売上高営業利益率より会計方針の影響を含まない収益性を分析することができる指標である。

イ．不適切。A社営業活動によるキャッシュ・フロー1,000千円−A社投資活動によるキャッシュ・フロー1,500千円＝A社フリー・キャッシュ・フロー△500千円。

B社営業活動によるキャッシュ・フロー2,000千円−投資活動によるキャッシュ・フロー1,200千円＝フリー・キャッシュ・フロー800千円。

ウ．適切。A社営業活動によるキャッシュ・フロー1,000千円÷A社売上高5,000千円×100＝20％、B社営業活動によるキャッシュ・フロー2,000千円÷B社売上高5,000千円×100＝40％。

エ．不適切。企業にとって必要な投資であれば抑えるべきではない。

B●財務諸表の基礎　＞　2●財務諸表の分析

6●1株当たり分析
テキスト第2章第2節

問題 99 解答　H30後

| 正 解 | イ |

ポイント　1株当たり当期純利益金額の算定方法を理解しているかを問う。

解 説

$$1株当たり当期純利益金額 = \frac{当期純利益}{期中平均発行済株式数 - 期中平均自己株式数}$$

ア．誤り。剰余金の配当は、算式の分子及び分母ともに影響を受けない。

イ．正しい。増資により発行済株式数が増えるので、1株当たり当期純利益金額が減少する。

ウ．誤り。大株主の持株数の増加は、算式の分子及び分母ともに影響を受けない。

エ．誤り。自己株式の購入は、分母の期中平均発行済株式数から控除されるので、1株当たり当期純利益金額が増加する。

問題 100 解答　H28前

| 正 解 | イ |

ポイント　1株当たり分析に関する基本的な理解を問う。

解 説

ア．適切。

イ．不適切。一般に同業他社と比べて、株価収益率が高ければ株価は割高、株価収益率が低ければ株価は割安である。

ウ．適切。

エ．適切。

ビジネス・キャリア®
検定試験
過去問題集 解説付き
BUSINESS CAREER

経 理 3級

● 原価計算

経 理 3級
● 原価計算

ビジネス・キャリア®検定試験
過去問題編

1●工業経営と工業簿記

テキスト第1編第1章第1節

H30前

完全工業簿記と商的工業簿記（不完全工業簿記）に関する記述として不適切なものは、次のうちどれか。

ア．完全工業簿記は、原価計算が実施され、それと有機的に結びついた工業簿記をいい、一般に、大規模の工業経営に適用される。

イ．完全工業簿記は、工業簿記と原価計算が結合することにより、商的工業簿記に比べ、正確な原価の記録・計算が可能となる。

ウ．商的工業簿記は、原価計算が行われていない工業簿記をいい、一般に、小規模の工業経営に適用される。

エ．商的工業簿記においては、継続記録法により、材料の期末有高から当期の材料消費額が間接的に算定されるため、その記録・計算は不完全なものとなる。

解答 p.258

H28後

工業経営と工業簿記に関する記述として不適切なものは、次のうちどれか。

ア．工業経営は、商業経営と比較すると、購買・販売活動以外に、製品を生産する製造活動を行う点にその特色がある。

イ．工業簿記は、原価計算との結合関係から、完全工業簿記と商的工業簿記（不完全工業簿記）に分類される。完全工業簿記は、工業簿記と原価計算が有機的に結合することにより、正確な原価の記録・計算が可能になる簿記をいう。

ウ．商的工業簿記は、商業簿記の方法を工業経営に適用する。すなわち、材

料勘定、賃金・給料勘定、経費勘定、仕掛品勘定、製造勘定等、製造活動を記録・計算する勘定科目を商業簿記の枠組みの中に導入しようとするものである。

エ．商的工業簿記における当期の材料消費額の計算は、どの部門で、どの製品のために、どれだけ消費されたかという点について、継続的な帳簿記録に基づき直接的に把握できる点に特徴がある。

解答 p.258

A●工業簿記と原価計算の基礎　＞　1●工業簿記

2●工業簿記と原価計算
テキスト第1編第1章第2節

問題3　H30後

工業簿記と原価計算の関係に関する記述として適切なものは、次のうちどれか。

ア．商的工業簿記は、原価計算と有機的に結びついた工業簿記である。

イ．原価計算の計算結果は工業簿記で記録され、また、工業簿記で記録されたデータに基づいて原価計算が行われる。

ウ．完全工業簿記では、当期の材料費を、原則として棚卸計算法により算定する。

エ．商的工業簿記でも完全工業簿記でも、原価の記録・計算を正確に行うことができる。

解答　p.259

問題4　H29後

以下に示す工業簿記に関する記述において、（　　）内に当てはまる語句の組合わせとして適切なものは、次のうちどれか。

　（　A　）は、原価計算が実施され、それと有機的に結びついた工業簿記をいい、一般に（　B　）に適用される。これによると、例えば、材料の期首有高が2,500円、当期仕入高が15,000円、期末有高（実地棚卸高）が3,000円、棚卸減耗費が500円である場合、当期の材料費は（　C　）円となる。

ア．A：商的工業簿記　　　B：小規模の工業経営　　　C：14,000
イ．A：完全工業簿記　　　B：小規模の工業経営　　　C：14,500
ウ．A：商的工業簿記　　　B：大規模の工業経営　　　C：14,500
エ．A：完全工業簿記　　　B：大規模の工業経営　　　C：14,000

解答　p.259

2●**財務諸表作成目的** テキスト第1編第2章第2節

原価計算の目的に関する記述として不適切なものは、次のうちどれか。

ア．財務諸表の作成に必要な原価資料を提供する原価計算の目的を財務諸表作成目的又は財務会計目的という。

イ．損益計算書の作成においては、売上原価の計算表示に必要な原価資料、販売費及び一般管理費に関する原価資料が、原価計算によって提供される。

ウ．製造原価明細書は、損益計算書における売上原価の計算過程として示されている「当期総製造費用」の内訳明細を示したものである。

エ．原価計算は、損益計算書と製造原価明細書だけでなく、貸借対照表の作成に際しても、重要な原価資料を提供する。

解答 ●p.261

3●経営管理目的

テキスト第1編第2章第3節

原価計算の目的の1つである経営意思決定目的に関する記述として不適切なものの組合わせは、次のうちどれか。

A．経営意思決定目的は、基本計画設定目的等ともいう。

B．経営意思決定は各種の観点から分類されるが、それが経営構造そのものに関するものであるか否かに基づき、戦略的意思決定と総合的意思決定に分類される。

C．戦略的意思決定は、経営の基本構造に関する経営意思決定をいい、工場を国内に建設すべきか、あるいは米国に建設すべきかの経営意思決定はその例である。

D．経営意思決定のためには、原価計算制度では通常用いられていない原価概念、つまり特殊原価概念が必要となる。

ア．A、B
イ．A、C
ウ．B、D
エ．C、D

原価計算の目的の1つである原価管理目的に関する記述として不適切なものは、次のうちどれか。

ア．原価管理の概念は広義と狭義の2つのものを見ることができるが、原価

管理の現代的解釈としては、広義に解することが必要であり、また重要でもある。

イ．広義の原価管理はコスト・コントロール、また狭義の原価管理はコスト・マネジメントと呼ばれる。

ウ．「原価計算基準」では、原価管理を狭義の意味に用いている。

エ．狭義の原価管理は、原価の観点からする作業活動の統制を意味していることから、これは原価管理というよりも原価統制という方がより適切である。

解答 p.262

A●工業簿記と原価計算の基礎 ＞ 2●原価計算の目的

4●「原価計算基準」の原価計算目的　　　テキスト第1編第2章第4節

以下に示す記述に相当する原価計算の目的として適切なものは、次のうちどれか。

　「原価計算基準」では、「企業の出資者、債権者、経営者等のために、過去の一定期間における損益ならびに期末における財政状態を財務諸表に表示するために必要な真実の原価を集計すること」と規定している。

ア．原価管理目的
イ．予算管理目的
ウ．基本計画設定目的
エ．財務諸表作成目的

解答●p.263

原価計算の目的に関する記述として「原価計算基準」に照らして誤っているものは、次のうちどれか。

ア．経営管理者の各階層に対して、原価管理に必要な原価資料を提供することを原価管理目的という。
イ．プロジェクトの編成並びにプロジェクトの統制のために必要な原価資料を提供することを予算管理目的という。
ウ．経営の基本計画を設定するに当たり、これに必要な原価情報を提供することを基本計画設定目的という。
エ．価格計算に必要な原価資料を提供することを価格計算目的という。

解答●p.263

以下に示す原価計算制度に関する記述として、不適切なものは次のうちいくつあるか。

A．原価計算制度は、財務諸表作成目的、原価管理目的、経営意思決定目的といった毎期継続して要請される異なる原価計算目的が、重点の相違はあるが相ともに達成できる原価計算である。

B．原価計算制度は、一定の計算秩序をもって常時継続的に行われる原価計算である。

C．原価計算制度は、財務会計機構と有機的に結びついて行われる原価計算である。

D．「原価計算基準」は、原価計算制度を、個別原価計算制度と総合原価計算制度とに分類している。

ア．1個
イ．2個
ウ．3個
エ．4個

解答●p.254

A●工業簿記と原価計算の基礎 ＞ 3●原価計算制度と特殊原価調査

2●特殊原価調査　　　　　　　テキスト第1編第3章第2節

問題 11

原価計算制度と特殊原価調査に関する記述として不適切なものは、次のうちどれか。

ア．原価計算制度とは、財務会計機構と有機的に結びついて、常時継続的に行われる原価計算のことである。

イ．原価計算制度は、財務諸表作成目的の達成を意図した原価計算であり、原価管理目的や利益管理目的の達成は、原価計算制度においては考慮されていない。

ウ．特殊原価調査とは、臨時的に生じる原価計算目的を果たすために、財務会計機構の外で、統計的・技術的計算又は調査の形で、随時断片的に行われる原価計算のことである。

エ．部品を自製するか購入するか等、経営意思決定のために行う原価情報の提供は、毎期継続して要請される経常的目的ではなく、特別な場合に必要となる臨時的な目的である。

解答　p.265

1●原価の概念　

「原価計算基準」に照らした場合、原価の一般概念に関する記述として誤っているものは、次のうちどれか。

ア．原価は、経済価値の消費である。すなわち、経済財を取得しただけでは原価が発生したとはいわず、それを消費することによって初めて原価が発生したとみなす。

イ．原価は、経営において作り出された一定の給付に転嫁される価値であり、その給付にかかわらせて、は握されたものである。ここでの給付には、最終給付だけでなく、中間的給付も含まれる。

ウ．原価は、経営目的に関連したものである。ここでの経営目的には、一定の財貨や用役を生産・販売する活動のほか、財務活動も含まれる。

エ．原価は、正常な経営活動を前提とした経済価値の消費である。したがって、異常な状態を原因とする経済価値の減少は、原価ではない。

解答 ●p.266

「原価計算基準」に照らして、全部原価と部分原価に関する記述として誤っているものは、次のうちどれか。

ア．全部原価とは、一定の給付に対して生ずる全部の製造原価又はこれに販売費及び一般管理費を加えて集計したものをいう。

イ．部分原価とは、全部原価として集計されるもののうち、その一部分のみを集計したものをいう。

ウ．部分原価は、計算目的によって各種のものを計算することができる。

エ．最も重要な部分原価は、変動直接費のみを集計した直接原価である。

解答 p.266

以下に示す＜項目＞において、非原価項目に該当しないものの組合わせは、次のうちどれか。

＜項目＞
A．未稼動の固定資産に関する減価償却費
B．休業賃金
C．法人税
D．工場に係る固定資産税

ア．AとC
イ．AとD
ウ．BとC
エ．BとD

解答 p.267

埋没原価に関する記述として適切なものは、次のうちどれか。

ア．実際の現金支出を伴わず、その結果財務会計上の記録には表れないが、経営にとっては価値犠牲となる原価である。
イ．ある経済的資源をある特定の用途に利用し、他の代替的用途に利用することを放棄する場合、その放棄の結果として犠牲となる最大利益の測定額となる原価である。
ウ．代替案の選択において、その1つを採用し他を捨てても変化しない原価

である。すなわち、特定の意思決定によって変化する原価が差額原価であるのに対し、特定の意思決定によっても変化することのない原価のことである。

エ．現在の業務活動のままでは発生する原価であるが、ある経営意思決定又は企業行動をとることにより、発生を回避できる原価をいい、既存製品の生産・販売を中止した場合の変動費等がその例である。

解答 p.267

機会原価の金額として正しいものは、次のうちどれか。

ある経済的資源の可能な用途として、5つの案があり、そのいずれにすべきかを検討している。各案を選択することから得られる利益は、第1案が100万円、第2案が90万円、第3案が80万円、第4案が75万円、そして第5案が70万円とそれぞれ見込まれている。いろいろ検討した結果、第1案を選択することとした。

ア．70万円
イ．75万円
ウ．80万円
エ．90万円

解答 p.267

2●原価の分類

テキスト第1編第4章第2節

製造原価要素の分類について、＜ a 群＞に示す原価要素の費目と、＜ b 群＞に示すそれらの分類基準との組合わせとして適切なものは、次のうちどれか。

＜ a 群＞原価要素の費目
A．材料費、労務費
B．直接費、間接費
C．動力用電気料、照明用電気料
D．変動費、固定費

＜ b 群＞分類基準
1．製品との関連における分類
2．操業度との関連における分類
3．形態別分類
4．機能別分類

ア．A：2　　B：3　　C：1　　D：4
イ．A：3　　B：1　　C：2　　D：4
ウ．A：3　　B：1　　C：4　　D：2
エ．A：4　　B：2　　C：3　　D：1

解答 p.269

製造原価と総原価の構成に関する記述として不適切なものは、次のうちどれか。

ア．製造原価は、主要材料費・直接賃金・外注加工賃等の製造直接費と、補助材料費・間接工賃金・電力料等の製造間接費とから構成されている。
イ．製造原価のうち、一般に直接材料費と直接経費との合計額は素価と呼ばれる。
ウ．製造原価のうち、直接材料費以外の原価が一括されて加工費と呼ばれる。

エ．製造原価に販売費及び一般管理費を加えた原価を総原価という。

解答 p.269

操業度との関連における原価の分類に関する記述として不適切なものは、次のうちどれか。

ア．変動費とは、操業度の増減に伴って総額において比例的に増減する原価をいい、電力料等がこれに相当する。

イ．固定費とは、操業度の増減に伴って増減せず、総額において一定している原価をいい、固定資産税等がこれに相当する。

ウ．準固定費とは、操業度のある範囲内においては操業度が変化しても固定的であるが、その範囲を超えると飛躍的に増加し、再び固定化する原価をいい、監督者の給料等がこれに相当する。

エ．準変動費とは、操業度がゼロでも一定額が発生し、同時に操業度の増減に伴って総額において比例的に増減する原価をいい、水道料等がこれに相当する。

解答 p.270

製造原価の分類に関する記述として不適切なものは、次のうちどれか。

ア．形態別分類とは、財務会計における費用の発生を基礎とする分類、すなわち原価発生の形態による分類であり、製造原価は、この分類基準によって材料費、労務費及び経費に分類される。

イ．製品との関連における分類とは、製品に対する原価発生の態様による分類であり、製造原価は、この分類基準によって製品原価と期間原価とに分類される。

ウ．機能別分類とは、製造原価が経営上のいかなる機能のために発生したか
　による分類である。この分類基準によって、例えば、材料費は主要材料費、
　補助材料費、工場消耗品費等に分類される。

エ．操業度との関連における分類とは、操業度の増減に対する原価発生の態
　様による分類であり、製造原価は、この分類基準によって変動費、固定費、
　準変動費及び準固定費に分類される。

解答 p.270

1●原価計算の種類　　　　　　　　　　　　　　テキスト第1編第5章第1節

問題
21

原価計算の種類に関する記述として不適切なものは、次のうちどれか。

ア．原価計算は、そこでの原価の算定が製品の製造後か、あるいは製造前か
　により、実際原価計算と予定原価計算とに分類される。
イ．原価計算は、製品原価として全部の製造原価を集計するか否かにより、
　全部原価計算と差額原価計算とに分類される。
ウ．原価計算は、財務会計機構と結びついて常時継続的に行うか否かにより、
　原価計算制度と特殊原価調査とに分類される。
エ．原価計算制度は、財務諸表作成目的、原価管理目的、利益管理目的といっ
　た毎期継続して要請される異なる原価計算目的が、重点の相違はあるが相
　ともに達成できる原価計算である。

解答●p.271

A●工業簿記と原価計算の基礎 ＞ 5●原価計算の種類・手続・形態

2●原価計算の手続　　　　　　　　　　　　テキスト第1編第5章第2節

製造原価の計算に関する記述として不適切なものは、次のうちどれか。

ア．製造原価の計算は、原則として、費目別計算→部門別計算→製品別計算という3つの手続過程を経て行われる。

イ．費目別計算は、財務会計と原価計算を結合させる手続過程として、また部門別計算、製品別計算の基礎的段階となる手続過程として重要な意味をもっている。

ウ．部門別計算は、原価管理をより有効にするために、また迅速な製品原価の計算を行うために、重要な手続過程である。

エ．製品別計算は、財務会計における損益計算書、貸借対照表の作成にとって、又は販売製品の組合わせ等の計画設定等にとって、重要な情報を提供する計算手続である。

解答●p.272

以下に示す記述のうち、（　　）内に当てはまる語句の組合わせとして適切なものは、次のうちどれか。

　原価を集計する（　A　）を、原価単位または原価計算単位という。例えば、1本、1kg、1ポンド、1リットル等のように、製品一つひとつを原価単位とする場合や、1ロットや1バッジを原価単位とする場合もある。また、原価単位は、各部門における作業の（　B　）を測定するためにも必要である。例えば、動力部門における電力供給量について、供給電力1キロワット時（kW-h）を原価単位として用いる場合である。

　また、原価計算期間は、製品原価の計算及び原価報告のために人為的に区切られた一定の期間であり、通常、暦の月の1ヵ月である。原価計算には、（　C　）だけでなく、その重要な目的として（　D　）がある。したがって、原価計算期間は、（　D　）を果たすために、経営管理者に有用な原価情報を迅速に提供する必要があることから、通常、半年や1年という会計期間より短い、暦の月の1ヵ月とされるのである。

ア．A：金額的単位　　　　　B：業績
　　C：財務諸表作成目的　　D：利益管理目的
イ．A：金額的単位　　　　　B：進捗度
　　C：原価管理目的　　　　D：財務諸表作成目的
ウ．A：物量的単位　　　　　B：業績
　　C：財務諸表作成目的　　D：経営管理目的
エ．A：物量的単位　　　　　B：進捗度
　　C：原価管理目的　　　　D：経営意思決定目的

解答 p.272

3●原価計算の形態　　　　　　　　　　　　　テキスト第1編第5章第3節

問題
24
H29後

以下に示す個別原価計算と総合原価計算に関するA～Dの記述において、不適切なものの組合わせは、次のうちどれか。

A．個別原価計算は、種類を異にする製品を個別的に生産する生産形態に適用される。

B．単純総合原価計算は、異なる種類の製品を反復連続的に生産する企業に適用される。

C．等級別総合原価計算は、同一工程において同一原料から必然的に生産される異種の製品であって、相互に重要な経済的価値を有する製品を生産する企業に適用される。

D．組別総合原価計算は、異種の標準規格製品を製品種類別に連続して生産する生産形態に適用される。

ア．A、B
イ．A、D
ウ．B、C
エ．C、D

解答　p.274

問題
25
H28後

個別原価計算と総合原価計算に関する記述として適切なものは、次のうちどれか。

ア．個別原価計算では継続製造指図書が発行されるのに対して、総合原価計

算では特定製品製造指図書が発行される。

イ．個別原価計算が標準規格製品を大量生産する生産形態に適用される原価
計算の方法であるのに対して、総合原価計算は種類を異にする製品を個別
的に生産する生産形態に適用される原価計算の方法である。

ウ．一般に、個別原価計算を適用する業種がセメント製造業、石油工業、化
学工業等であるのに対して、総合原価計算を適用する業種は造船業、航空
機製造業等である。

エ．個別原価計算における原価の集計単位が製造指図書ごとに指示されてい
る生産数量であるのに対して、総合原価計算における原価の集計単位は1
原価計算期間において生産された生産数量である。

解答　p.274

B●実際原価計算　＞　1●製造原価の費目別計算

 テキスト第2編第1章第1節

間接材料費として不適切なものは、次のうちどれか。

ア．補助材料費
イ．買入部品費
ウ．工場消耗品費
エ．消耗工具器具備品費

解答 p.276

問題 27

以下に示す材料費の費目に関するA～Dの記述において、不適切なものの組合わせは、次のうちどれか。

A．セメント製造業における石灰石等の消費額は、主要材料費である。
B．自動車工業における外部から購入したタイヤ等の消費額は、買入部品費である。
C．金額的に重要でない油や石鹸等の消費額は、補助材料費である。
D．固定資産として処理する必要のないテーブルや椅子等の消費額は、工場消耗品費である。

ア．A、B
イ．A、D
ウ．B、C
エ．C、D

解答 p.276

H28後

材料の購入原価に関する記述として不適切なものは、次のうちどれか。

ア．材料の購入原価は、購入代価に買入手数料、引取運賃等の材料の購入に要した引取費用を加算した金額とする。

イ．材料の購入原価は、購入代価に引取費用並びに購入事務・検収・保管等に要した費用を加算した金額とする。

ウ．材料の購入原価は、購入代価に材料副費を加算するが、引取費用以外の材料副費の一部を、購入代価に加算しないこともできる。

エ．材料の購入原価は、購入代価の金額とする。

解答 p.277

H26後

材料費の計算に関する記述として不適切なものは、次のうちどれか。

ア．消費単価は、原則として、予定単価で計算する。

イ．消費数量の計算方法としては、材料の入出庫記録をその都度行うかどうかによって継続記録法、棚卸計算法及び逆計算法の3つがある。

ウ．継続記録法を使用している場合、材料消費単価の決定方法には、個別法、先入先出法、移動平均法、総平均法等の方法がある。

エ．消費単価を予定消費単価で計算した場合には、実際の消費単価との間に差異が生じることになる。この差額を材料消費価格差異という。

解答 p.277

B●実際原価計算　>　1●製造原価の費目別計算

2●労務費計算　テキスト第2編第1章第2節

以下に示す<資料>に基づいた場合、当月における直接工の間接労務費の金額として正しいものは、次のうちどれか。

<資料>

A．直接工の当月消費賃率　1,200円／時間

B．直接工の当月就業時間に関する資料

加工時間　　　1,920時間

段取時間　　　　60時間

間接作業時間　200時間

手待時間　　　　20時間

ア．240,000円

イ．264,000円

ウ．312,000円

エ．336,000円

解答 p.278

問題 31

加給金として不適切なものは、次のうちどれか。

ア．時間外手当

イ．通勤手当

ウ．危険作業手当

エ．夜勤手当

解答 p.278

以下に示す直接工の勤務時間において、直接作業時間を構成する時間の組合わせとして適切なものは、次のうちどれか。

A．手待時間
B．段取時間
C．加工時間
D．実働時間

ア．AとC
イ．AとD
ウ．BとC
エ．BとD

解答 p.278

労務費の形態別分類に関する記述として適切なものは、次のうちどれか。

ア．賃金は、工場の監督者や事務職員等の労働力に対して支払われる給与である。
イ．給料は、在籍工員の提供する労働力に対して支払われる給与である。
ウ．雑給は、臨時工やパートタイマーの労働力に対して支払われる給与である。
エ．法定福利費は、健康保険法、厚生年金保険法、介護保険法、労働者災害補償保険法等に基づく保険料の従業員負担分である。

解答 p.279

3●経費計算　　　　　　　　　　　　　　　テキスト第2編第1章第3節

経費は、その発生額の把握方法の相違によって、一般に、支払経費、月割経費、測定経費、発生経費に分類される。以下に示す＜資料＞に基づいた場合、当月の支払経費の総額として正しいものは、次のうちどれか。

＜資料＞

減価償却費	72,000円	保険料（半年分）	57,600円
水道光熱費	90,000円	租税公課（1年分）	79,200円
旅費交通費	54,000円	外注加工賃	64,800円
通信費	36,000円	保管料	86,400円
棚卸減耗費	7,200円	仕損費	30,000円

ア．241,200円

イ．244,800円

ウ．248,400円

エ．255,600円

解答　p.280

複合経費に関する記述として不適切なものは、次のうちどれか。

ア．複合経費は、便宜的に間接経費として扱われる。

イ．複合経費には、動力費、修繕費、設計費、運搬費等がある。

ウ．複合経費は、材料費、労務費、経費の二者又は三者に属する費目の発生額を1つの費目として集計したものをいう。

エ．複合経費は、一般に主要な活動について設定されることが多い。

解答 p.280

経費の消費高に関する記述として不適切なものは、次のうちどれか。

ア．支払経費の計算では、支払金額をもって当月の消費高とする。ただし、前払いがある場合には、前月分を減算し、当月分を加算する。

イ．測定経費の計算では、メーターで測定した当月消費量に対する要支払高をもって当月の消費高とする。

ウ．月割経費の計算では、数ヵ月分まとめて支払われる費目や1年分まとめて期末に計上される費目の金額を、月割計算した金額をもって当月の消費高とする。

エ．発生経費の計算では、その月に発生した金額をもって当月の消費高とする。

解答 p.280

4 ● 製造間接費計算　　　　　　　　　　　テキスト第2編第1章第4節

問題 **37**

以下に示す製造間接費の配賦に関する記述において、（　　）内に当てはまる語句の組合わせとして適切なものは、次のうちどれか。

　製造間接費の製品への配賦を（　A　）配賦率によって行うと、製造間接費の製品への配賦額は、（　B　）の終了後でなければ計算することができない。したがって、配賦計算が遅延する。
　また、（　A　）配賦率は、（　B　）ごとに変動し、その結果、製品原価も毎期変動することになる。

ア．A：実際　　B：会計期間
イ．A：予定　　B：会計期間
ウ．A：予定　　B：原価計算期間
エ．A：実際　　B：原価計算期間

解答 ● p.282

問題 **38**

以下に示す＜項目＞において、製造間接費の配賦基準として適切なものは、次のうちいくつあるか。

＜項目＞
A．直接材料費基準
B．間接作業時間基準
C．機械運転時間基準
D．製品生産数量基準

ア．1 個
イ．2 個
ウ．3 個
エ．4 個

解答 p.282

 H28前

当社は、製造間接費について公式法変動予算を採用している。以下に示す<資料>に基づき、当月の製造間接費の予定配賦額として正しいものは、次のうちどれか。

<資料>
A．年間の製造間接費予算
　変動製造間接費　　　2,400,000 円
　固定製造間接費　　　1,200,000
　　　合　計　　　　　3,600,000 円
B．年間の基準操業度　　6,000 直接作業時間
C．当月の実際直接作業時間　　490 時間
D．当月の製造間接費実際発生額　　314,000 円

ア．294,000円
イ．296,000円
ウ．298,000円
エ．300,000円

解答 p.282

 H28前

当社は、製造間接費について公式法変動予算を採用している。以下に示す

<資料>に基づき、当月の製造間接費配賦差異の分析を行った場合、予算差異と操業度差異の金額の組合わせとして正しいものは、次のうちどれか。

<資料>

A．年間の製造間接費予算

変動製造間接費　　　　2,400,000 円

固定製造間接費　　　　1,200,000

　　合　計　　　　　　3,600,000 円

B．年間の基準操業度　　6,000 直接作業時間

C．当月の実際直接作業時間　　490 時間

D．当月の製造間接費実際発生額　　314,000 円

ア．予算差異：　2,000円（不利差異）　　操業度差異：18,000円（不利差異）

イ．予算差異：　6,000円（不利差異）　　操業度差異：14,000円（不利差異）

ウ．予算差異：14,000円（不利差異）　　操業度差異：　6,000円（不利差異）

エ．予算差異：18,000円（不利差異）　　操業度差異：　2,000円（不利差異）

解答 p.283

B●実際原価計算　＞　2●製造原価の部門別計算

1●部門別計算の意義と目的

テキスト第2編第2章第1節

部門別計算に関する記述として不適切なものは、次のうちどれか。

ア．部門別計算を行う具体的目的の1つは、個別原価計算における製造間接費の配賦計算をより正確に行うことにある。

イ．部門別計算とは、費目別計算で把握された原価要素を、発生場所別に分類集計する手続をいう。

ウ．部門別に集計される原価要素の範囲は、原価計算の形態と部門別計算の目的によって異なったものとなる。

エ．部門別計算においては、まず部門に集計される原価要素を直接費と間接費とに分類することが必要である。

解答●p.284

2●原価部門の設定 テキスト第2編第2章第2節

製造部門と補助部門に関する記述として不適切なものは、次のうちどれか。

ア．製造部門とは、原材料を加工して製品の製造作業を行う部門をいう。

イ．製造部門は、企業が主にその製造を目的とする主産物（主製品）の製造作業を行う部門が該当し、副産物（副製品）の加工や包装品の製造等を行う部門は補助部門に該当する。

ウ．補助部門のうちの補助経営部門とは、自部門の生産物やサービスを製造部門に直接提供することにより、製品の製造作業又は他の補助部門の業務活動を支援する部門をいう。

エ．補助部門のうちの工場管理部門とは、工場において管理的機能を果たす部門をいう。

解答 p.285

原価部門の設定に関する記述として不適切なものは、次のうちどれか。

ア．部門別計算の目的と、それを達成するために要する費用、時間、労力を勘案して設定する必要がある。

イ．管理職能を果たす部門であるか否かという基準により、製造部門と補助部門とに分類される。

ウ．部門別計算の目的が、原価管理をより有効にすることにある場合、職制上の権限・責任との一致を優先させて設定される。

エ．企画部、工場事務部等が、工場管理部門として設定される。

解答 p.285

B●実際原価計算　＞　2●製造原価の部門別計算

3●部門に集計される原価要素の範囲と分類　テキスト第2編第2章第3節

部門別計算に関する記述として不適切なものは、次のうちどれか。

ア．個別原価計算において、部門別計算が実施され、その目的が、より有効
　　な原価管理の実施にある場合には、全ての原価要素が部門別に集計される。

イ．総合原価計算において、部門別計算が実施され、その目的が、より正確
　　な製品原価の計算にあり、生産されている製品が加工型製品である場合に
　　は、加工費が部門別に集計される。

ウ．総合原価計算において、部門別計算が実施され、その目的が、より正確
　　な製品原価の計算にあり、生産されている製品が加工型製品ではない場合
　　には、全ての原価要素が部門別に集計される。

エ．総合原価計算において、部門別計算が実施され、その目的が、より有効
　　な原価管理の実施にある場合には、管理可能費が部門別に集計される。

解答●p.286

4●部門別計算の手続

テキスト第2編第2章第4節

部門別計算の手続に関する記述として不適切なものは、次のうちどれか。

ア．原価部門に集計される原価要素は、特定の部門で発生したことが明らかな原価か否かに基づいて、部門個別費と部門共通費に分類される。

イ．部門個別費はその発生部門に賦課し、部門共通費はその関係諸部門に適切な配賦基準を用いて配賦する。

ウ．部門個別費を各部門に集計する計算手続段階を部門費の第1次集計、部門共通費を各部門に集計する計算手続段階を部門費の第2次集計という。

エ．部門共通費のうち、工場全般について発生し、適当な配賦基準が見いだせないものは、これを一般費とし、補助部門費として処理することができる。

解答 p.287

部門別計算の手続に関する記述として適切なものは、次のうちどれか。

ア．部門共通費は、複数の部門に共通して発生した原価であるため、部門数に応じて均等に各部門へ配賦する必要がある。

イ．部門個別費は、特定部門で発生した原価であり、配賦された部門共通費が含まれる。

ウ．原価部門に集計される原価要素の範囲は、部門別計算の目的や原価計算の形態にかかわりなく同一なものとなる。

エ．連立方程式法は、補助部門間相互で配賦が完了した後の最終的な補助部門費を、連立方程式を解くことによって計算し、配賦計算を行う方法である。

解答 p.287

部門別計算における補助部門費の配賦方法に関する記述として適切なものの組合わせは、次のうちどれか。

A. 複数基準配賦法とは、補助部門費を固定費と変動費に分け、固定費は関係部門がその補助部門の用役を消費する能力の割合に基づいて関係部門へ配賦し、変動費は関係部門がその補助部門の用役を実際に消費した割合に基づいて関係部門へ配賦する方法である。
B. 階梯式配賦法は、補助部門間相互の用役の授受関係を無視して計算する方法である。
C. 連立方程式法を採用する場合には、計算の精度を上げるために複数基準配賦法を採用するのが一般的である。
D. 補助部門費の配賦をする場合に、単一基準配賦法もしくは複数基準配賦法のいずれかを採用し、そのうえで直接配賦法、相互配賦法、階梯式配賦法等を適用する。

ア．A、C
イ．A、D
ウ．B、C
エ．C、D

P社では、製造間接費についてのみ部門別計算を実施しており、補助部門費の配賦計算法として階梯式配賦法を採用している。同社の当月における次の＜資料＞に基づき、問題48～49に答えなさい。また、解答にあたっては、必要に応じ、以下の部門費振替表を使用すること。

＜資料＞

A．製造間接費実際発生額の第1次集計額に関する資料

製造部門：第1製造部　　1,234,000円

第2製造部　　1,012,000円

補助部門：動　力　部　　756,000円

修　繕　部　　528,000円

工場事務部　　360,000円

B．補助部門費の配賦基準に関する資料

配賦基準	第1製造部	第2製造部	動力部	修繕部	工場事務部
動力供給量	1,200万kW-h	1,200万kW-h	—	600万kW-h	—
修繕作業時間	700時間	500時間	300時間	—	—
従業員数	70人	80人	12人	18人	20人

部　門　費　振　替　表　　　　　（単位：円）

費　目	合　計	製　造　部　門		補　助　部　門		

第1製造部に配賦される工場事務部費として正しいものは、次のうちどれか。

ア．126,000円

イ．140,000円

ウ．160,000円

エ．168,000円

解答　p.288

第2製造部に集計される製造部門費の合計として正しいものは、次のうちどれか。

ア．1,784,000円

イ．1,784,800円

ウ．1,802,000円

エ．2,106,000円

解答 p.289

B●実際原価計算　＞　3●製造原価の製品別計算（個別原価計算）

1●個別原価計算の意義　　　　　テキスト第2編第3章第1節

 問題 **50**　　　H30後

個別原価計算に関する記述として適切なものの組合わせは、次のうちどれか。

A．個別原価計算は、一般に、市場見込生産形態の業種において採用される計算方法である。

B．個別原価計算では、生産される製品の製造原価を集計するために特定製造指図書が発行される。

C．個別原価計算は、経営の目的とする製品の生産に際してだけでなく、自家用の建物、機械、工具等の製作又は修繕、試験研究等に際しても、その原価を算定するために用いられる。

D．個別原価計算では、総合原価計算に比べて期末仕掛品の評価が重要である。

ア．A、B
イ．A、D
ウ．B、C
エ．C、D

解答●p.291

 問題 **51**　　　H25後

個別原価計算に関する記述として不適切なものは、次のうちどれか。

ア．個別原価計算は、単純個別原価計算と部門別個別原価計算とに区分される。

イ．単純個別原価計算では、費目別計算と製品別計算という計算手続がとられる。

ウ．部門別個別原価計算では、通常、直接材料費と直接労務費が部門別に計
　　算される。

エ．単純個別原価計算では、製造間接費の配賦を、工場全体を通して一括的
　　に行う。

解答 ● p 291

B●実際原価計算　＞　3●製造原価の製品別計算（個別原価計算）

2●個別原価計算の手続

テキスト第2編第3章第2節

問題
52

H30前

「原価計算基準」に照らした場合、個別原価計算における直接費及び間接費の計算に関する記述として誤っているものは、次のうちいくつあるか。

A．間接費は、原則として実際配賦率をもって各指図書に配賦する。

B．直接経費は、原則として当該指図書に関する実際発生額をもって計算する。

C．直接材料費は、当該指図書に関する予定消費量に実際価格又は予定価格等を乗じて計算する。

D．間接費は、原則として部門間接費として各指図書に配賦する。

ア．1個

イ．2個

ウ．3個

エ．4個

解答　p.292

問題
53

H28前

以下に示す個別原価計算の手続に関する記述において、（　　）内に当てはまる語句の組合わせとして適切なものは、次のうちどれか。

　個別原価計算では、原価を（　A　）と（　B　）に区分して、（　C　）に集計する。

ア．A：直接費　　　　B：加工費　　　C：製造指図書別

イ．A：直接材料費　　B：加工費　　　C：原価計算期間別
ウ．A：直接費　　　　B：間接費　　　C：製造指図書別
エ．A：変動費　　　　B：固定費　　　C：原価計算期間別

解答 ● p.292

当社は、個別受注生産を行い、部門別個別原価計算を実施している。以下に示す当社の当月における＜資料＞に基づいた場合、当月末の貸借対照表上における製品と仕掛品の金額の組合わせとして正しいものは、次のうちどれか。

＜資料＞

A．製造指図書に関する資料

　E社、F社、G社から注文を受け、各社からの受注品の製造に対し製造指図書が次のとおり発行された。

受注品	製造指図書番号
E社からの受注品	No.101
F社からの受注品	No.102
G社からの受注品	No.103

　製造指図書No.102の指示により製造した製品の一部に仕損が発生し、代品製作のため、新たに製造指図書No.102－2が発行された。

B．直接材料費に関する資料

製造指図書No.	出庫数量 （材料実際消費量）			単　　価 （予定消費価格）
	第1製造部	第2製造部	第3製造部	
101	800kg	―	500kg	1,320円／kg
102	1,200kg	600kg	―	780円／kg
103	―	1,000kg	650kg	1,140円／kg
102-2	300kg	150kg	―	780円／kg

C. 直接労務費に関する資料

製造指図書No.	作業時間 （実際直接作業時間）			賃　率 （予定賃率）
	第1製造部	第2製造部	第3製造部	
101	600時間	—	360時間	
102	700時間	350時間	—	1,500円／時間
103	—	540時間	380時間	
102－2	90時間	30時間	—	

D. 直接経費に関する資料

製造指図書No.	第1製造部	第2製造部	第3製造部
101	230,000円	—	92,000円
102	345,000円	113,000円	—
103	—	188,000円	119,000円
102－2	43,000円	9,000円	—

E. 製造間接費に関する資料

　　製造間接費は、製造部門別の直接作業時間を配賦基準として、予定配賦している。各製造部門に対する月間の基準操業度、部門費予算額、部門費実際発生額は、下表のとおりである。

区分	第1製造部	第2製造部	第3製造部
月間基準操業度 （直接作業時間）	1,500時間	1,000時間	900時間
部門費予算額 （月間）	1,200,000円	900,000円	765,000円
部門費実際発生額 （月間）	1,167,000円	924,000円	738,000円

F. 作業くずに関する資料

1. 製造指図書No.102の製造作業中に、第2製造部で作業くず150kgが発生した。当該作業くずは、加工して用いることとし、それによって節約される材料の購入価額は1kg当たり320円、加工費は6,000円と見積もられた。

2. 製造指図書No.103の製造作業中に、第3製造部で作業くず30kgが発生した。当該作業くずは、そのまま売却することとし、その売却価額は

　　　1kg当たり250円、販売費及び一般管理費は2,000円と見積もられた。

　　3．作業くずの評価額は、発生部門の部門費から控除することとした。な
　　　お、製造間接費の部門費予算は、作業くずの評価額を考慮して設定して
　　　いる。

G．仕損に関する資料

　　1．製造指図書No.102による仕損品は売却可能であり、その売却価額は
　　　172,000円と見積もられた。なお、仕損費は通常発生する程度のもので
　　　あるとみなされた。

　　2．仕損費の計算は、「原価計算基準」に原則として示された手続に従っ
　　　て行い、また正常仕損費は全て直接経費として当該製造指図書に賦課す
　　　る。

H．その他

　　1．製造指図書No.101の製造作業は、前月に着手し、製造指図書No.102と
　　　製造指図書No.103の製造作業は、当月に着手した。前月中に発生した製
　　　造指図書No.101の製造原価は、375,000円であった。

　　2．E社からの受注品は、当月中に完成し、E社へ引き渡した。F社から
　　　の受注品は、当月中に完成したが、F社への引渡しはまだ行われていな
　　　い。G社からの受注品は、未完成である。

ア．製品：4,306,000円　　仕掛品：9,157,000円

イ．製品：4,822,000円　　仕掛品：4,377,000円

ウ．製品：4,918,000円　　仕掛品：4,392,000円

エ．製品：9,461,000円　　仕掛品：4,377,000円

解答 p.293

H28後

S社では、3つの製造部門を有し、部門別個別原価計算を実施している。以
下に示す同社の9月中における＜資料＞に基づき、問題55～57に答えなさい。

ただし、解答の金額に円位未満の端数が生じた場合には、小数点以下第１位を四捨五入すること。

<資料>

A．部門費の第２次集計が終了した「部門費振替表」からの資料

	第１製造部門	第２製造部門	第３製造部門
製造部門費合計	1,049,760円	970,593円	895,860円

B．製造指図書別の原価データ

	指図書No.301	指図書No.302	指図書No.303
直接材料費	810,000円	648,000円	486,000円
直接労務費	972,000	810,000	648,000
直接経費	243,000	81,000	162,000
合計	2,025,000円	1,539,000円	1,296,000円

C．製造指図書別の生産データ

	指図書No.301	指図書No.302	指図書No.303
直接作業時間	2,430時間	2,025時間	1,615時間
機械運転時間	313時間	270時間	227時間

D．製造間接費の配賦基準

第１製造部門費 …… 素価（直接材料費と直接労務費の合計）基準
第２製造部門費 …… 直接作業時間基準
第３製造部門費 …… 機械運転時間基準

第１製造部門費の製造指図書No.301への配賦額として正しいものは、次のうちどれか。

ア．427,200円

イ．427,600円

ウ．427,680円

エ．437,400円

解答　p.295

第2製造部門費の製造指図書№.302への配賦額として正しいものは、次のうちどれか。

ア．323,798円
イ．324,000円
ウ．388,520円
エ．388,557円

解答 p.296

第3製造部門費の製造指図書№.303への配賦額として正しいものは、次のうちどれか。

ア．251,062円
イ．298,620円
ウ．298,629円
エ．346,178円

解答 p.296

P社は個別受注生産を行い、個別原価計算を実施している。以下に示す同社の当月における＜資料＞に基づき、問題58～59に答えなさい。

＜資料＞

A．直接材料費に関する資料

製造指図書No.	出庫数量 （材料実際消費量）	単　　価 （予定消費価格）
101	1,750kg	880円
102	3,500kg	520円
103	2,650kg	760円

B．直接労務費に関する資料

製造指図書No.	作業時間 （実際直接作業時間）		賃　　率 （予定賃率）
	第1製造部	第2製造部	
101	650時間	500時間	
102	925時間	750時間	1,400円
103	800時間	650時間	

C．直接経費に関する資料

製造指図書 No.102　　　70,000 円　　　製造指図書 No.103　　　90,000 円

D．製造間接費に関する資料

製造間接費は、製造部門別の直接作業時間を配賦基準として、予定配賦している。各製造部門に対する月間の基準操業度、部門費予算額、部門費実際発生額は、下表のとおりである。

	第1製造部	第2製造部
月間基準操業度 （直接作業時間）	2,500時間	2,000時間
部門費予算額 （月間）	1,500,000円	960,000円
部門費実際発生額 （月間）	1,520,000円	950,000円

E．作業くずに関する資料

1．製造指図書No.102の製造作業中に、作業くず180kgが発生した。当該作業くずは、そのまま売却することとし、その売却価額は1kg当たり100円、販売費及び一般管理費は3,000円と見積もられた。

2．製造指図書No.103の製造作業中に、作業くず50kgが発生した。当該

　作業くずは、軽微なものであったため、当月末に、専門業者に1kg当たり20円で売却処分し、雑収入として処理した。

F．その他
　1．製造指図書No.101の製造作業は、前月に着手し、製造指図書No.102と製造指図書No.103の製造作業は、当月に着手した。前月中に発生した製造指図書No.101の製造原価は、450,000円であった。
　2．受注品は、製造指図書No.103を除いて全て当月中に完成し、受注先へ引き渡した。

製造指図書No.101の製品製造原価として正しいものは、次のうちどれか。

ア．3,780,000円
イ．4,230,000円
ウ．4,232,700円
エ．4,266,000円

製造原価から控除される作業くずの評価額として正しいものは、次のうちどれか。

ア．15,000円
イ．16,000円
ウ．17,000円
エ．18,000円

219

当社は、個別受注生産を行い、部門別個別原価計算を実施している。以下に示す当社の当月における＜資料＞に基づき、問題60～61に答えなさい。

＜資料＞

A．製造指図書に関する資料

　　Q社、R社よりそれぞれ注文を受け、両社からの受注品の製造に対し製造指図書が次のとおり発行された。

受　注　品	製造指図書番号
Q社からの受注品	No.101
R社からの受注品	No.102

　　製造指図書No.102の指示によって製造された製品の一部が仕損となり、それに伴い新たに製造指図書No.102－2が発行された。

B．直接材料費に関する資料

製造指図書No.	材料実際消費量			予定消費単価
	第1製造部	第2製造部	計	
101	9,216個	6,144個	15,360個	
102	5,677個	3,785個	9,462個	1,000円／個
102－2	455個	302個	757個	

C．直接労務費に関する資料

製造指図書No.	実際直接作業時間			予定賃率
	第1製造部	第2製造部	計	
101	1,024時間	1,536時間	2,560時間	
102	1,514時間	2,271時間	3,785時間	1,500円／時間
102－2	122時間	183時間	305時間	

D．直接経費に関する資料

製造指図書No.	実際発生額		
	第1製造部	第2製造部	計
101	768,000円	512,000円	1,280,000円
102	567,750円	378,500円	946,250円
102−2	45,000円	31,000円	76,000円

E．製造間接費に関する資料

　　製造間接費の製造指図書別予定配賦額の計算は、第1製造部については素価（直接材料費と直接労務費の合計額）を、第2製造部については直接作業時間をそれぞれ配賦基準とし、次の予定配賦率を用いて行っている。

　　第1製造部…0.25円　　　　第2製造部…820円

F．仕損費の計算及び処理に関する資料

　1．製造指図書No.102−2は、製造指図書No.102の指示によって製造された製品の一部が仕損となり、それが補修によって回復できないことから、その代品製作のために新たに発行された製造指図書である。なお、当該仕損品は正常なものであるとみなされた。

　2．仕損費の計算は、「原価計算基準」が原則として示した手続に従って行なわれ、またその仕損費を当該指図書に賦課する方法によって処理されている。

　3．当該仕損品は売却可能であり、その売却価額は150,000円と見積もられた。

G．作業くずに関する資料

　　製造指図書No.102−2の製造過程で作業くずが発生した。当該作業くずは、若干加工の上で販売可能であり、その売却価額は128,000円、加工費は25,000円、販売費及び一般管理費は23,000円と見積もられた。なお、作業くずの評価額は、当該製造指図書の製造原価から控除されている。

H．その他

　　各製造指図書は、全て当月中に完成した。

製造指図書No.101への製造間接費予定配賦額（第1製造部と第2製造部の合計額）として正しいものは、次のうちどれか。

ア．3,527,680円

イ．3,939,520円

ウ．3,947,020円

エ．3,947,520円

解答 p.298

R社からの受注品の製造に関する仕損費として正しいものは、次のうちどれか。

ア．1,320,060円

イ．1,370,060円

ウ．1,450,000円

エ．1,520,000円

解答 p.299

Q社は、個別原価計算を実施している。以下に示す同社の10月における＜資料＞に基づき、問題62〜63に答えなさい。

＜資料＞

A．10月中の製造指図書別原価計算表に関する資料

原価計算表　　製造指図書　No.101	
直接材料費	1,840,000円
直接労務費	1,500,000円
直 接 経 費	111,000円
製造間接費	（　　　　　）円
合計	（　　　　　）円
製造着手日：10月1日	
製品完成日：10月18日	
製品引渡日：10月23日	

原価計算表　　製造指図書　No.102	
直接材料費	820,000円
直接労務費	1,000,000円
直 接 経 費	90,000円
製造間接費	（　　　　　）円
合計	（　　　　　）円
製造着手日：10月20日	
製品完成日：10月20日	
製品引渡日：10月25日	

原価計算表　　製造指図書　No.103	
直接材料費	540,000円
直接労務費	610,000円
直接経費	88,000円
製造間接費	（　　　　　）円
合計	（　　　　　）円
製造着手日：10月20日	
製品完成日：10月30日	
製品引渡日：11月5日	

B．製造間接費に関する資料

　　製造間接費の配賦は、部門別直接作業時間を配賦基準とし予定配賦している。予定配賦率は、切削部門が800円／時間、組立部門が600円／時間である。また、各製造指図書の部門別直接作業時間は、次のとおりである。

製造指図書	切削部門	組立部門
No.101	120時間	80時間
No.102	160時間	110時間
No.103	140時間	100時間

C．作業くずに関する資料

　　製造指図書No.102の製造作業中に、作業くず200kgが発生した。この作業くずは売却することとし、見積売却価額は1kg当たり200円であった。また、販売費及び一般管理費の見積額は、5,000円である。作業くずの評価額は、製造指図書No.102の直接材料費から控除することとした。

製造指図書No.101からNo.103に配賦される、製造間接費（切削部門及び組立部門）の配賦額として正しいものは、次のうちどれか。

ア．No.101：　96,000円　　　No.102：128,000円　　　No.103：112,000円

イ．No.101：120,000円　　　No.102：162,000円　　　No.103：144,000円

ウ．No.101：144,000円　　　No.102：194,000円　　　No.103：172,000円

エ．No.101：160,000円　　　No.102：216,000円　　　No.103：192,000円

解答 p.300

製造指図書No.102の製造原価として正しいものは、次のうちどれか。

ア．1,875,000円

イ．2,064,000円

ウ．2,069,000円

エ．2,104,000円

解答 p.300

4 ● 仕損費の計算と処理　　　　　　　テキスト第2編第3章第4節

「原価計算基準」に照らして、個別原価計算における仕損費の処理方法に関する記述として誤っているものは、次のうちどれか。

ア．仕損費を製造指図書に賦課する場合には、実際発生額ではなく、見積額を用いて処理することができる。

イ．仕損費を製造間接費とし、これを仕損の発生部門に賦課する。

ウ．仕損が異常な状態を原因として発生した場合には、その仕損に関連して発生した費用を、当該製造指図書に間接経費として賦課することができる。

エ．仕損が軽微な場合には、仕損費を計上しないことができる。

解答 ● p.302

B●実際原価計算　＞　4●製造原価の製品別計算（総合原価計算）

1●総合原価計算の意義と種類

テキスト第2編第4章第1節

総合原価計算に関する記述として不適切なものは、次のうちどれか。

ア．原価集計の単位が期間生産量であることを特質とする。

イ．経営における生産形態の種類別に対応して、一般に、単純総合原価計算、組別総合原価計算、等級別総合原価計算及び連産品の原価計算に分類される。

ウ．「原価計算基準」では、軽微な副産物・作業くず・仕損品は、それらの売却額を原価計算外の収益とすることができると規定している。

エ．異常仕損費は、当年度の売上原価と期末における棚卸資産に科目別に負担させる。

解答　p.303

総合原価計算に関する記述として不適切なものの組合わせは、次のうちどれか。

A．製造工程が2以上の連続する工程に分けられ、工程ごとにその工程製品の総合原価を計算する方法を工程別総合原価計算という。

B．同一工程において、異種製品を連続生産するが、その製品の形状、大きさ、品位等によって、等級に区別する場合に適用される総合原価計算を等級別総合原価計算という。

C．同種の標準規格製品を大量生産する場合に適用される総合原価計算を組別総合原価計算という。

D．単一種類の製品を反復連続的に生産する場合に適用される総合原価計算

を単純総合原価計算という。

ア．AとC
イ．AとD
ウ．BとC
エ．BとD

解答 p.303

B●実際原価計算 ＞ 4●製造原価の製品別計算（総合原価計算）

2●単純総合原価計算 テキスト第2編第4章第2節

問題 **67**

総合原価計算における仕損と減損に関する記述として不適切なものは、次のうちどれか。

ア．仕損とは、投入した原材料のうち、製品の加工中に蒸発、粉散、ガス化、煙化等によって、減少した部分のことを指す。また、減損とは、標準規格に合致しない不合格品の発生のことを指す。

イ．製品を製造する際に、その発生が避けられないと考えられる仕損や減損は、正常仕損又は正常減損と呼ばれる。また、通常の程度を超えて発生する仕損や減損は、異常仕損又は異常減損と呼ばれる。

ウ．「原価計算基準」では、正常仕損（減損）費の処理方法について、原則として、完成品と期末仕掛品とに負担させるべきであると規定している。

エ．異常仕損（減損）費については、非原価項目として、製造原価から除くことが必要である。

解答 ● p.304

問題 **68**

以下に示す＜資料＞に基づき、問題68 〜 69に答えなさい。

ただし、解答の金額に円位未満の端数が生じた場合には、小数点以下第1位を四捨五入すること。

＜資料＞

A．生産データ

月初仕掛品 　　30kg（1/2）

当月投入量 　　<u>410</u>

```
　　計　　　　　440kg
正 常 仕 損　　　10　　(2/5)
月 末 仕 掛 品　　50　　(4/5)
完 成 品　　　　380kg
（注）（　　）内は加工進捗度を示す。
```

B．原価データ

```
月初仕掛品原価
　原　料　費　　　72,125 円
　加　工　費　　　97,100
　　合　　計　　　169,225 円
当 月 製 造 費 用
　原　料　費　　　632,000 円
　加　工　費　　1,009,600
　　合　　計　　1,641,600 円
```

C．その他
1．原料は、全て工程の始点で投入されている。
2．月末仕掛品の評価は、平均法による。
3．正常仕損費の処理は、正常仕損費を分離計算しないで、負担させるべきものに負担させるという処理方法による。

正常仕損費を完成品と月末仕掛品に負担させる場合の月末仕掛品原価として正しいものは、次のうちどれか。

ア．178,417円
イ．178,714円
ウ．187,275円
エ．187,572円

解答 ● p.304

問題 69

H29後

正常仕損費を完成品と月末仕掛品に負担させる場合の完成品原価として正しいものは、次のうちどれか。

ア．1,623,055円

イ．1,623,111円

ウ．1,623,550円

エ．1,632,111円

解答 ● p.305

問題 70

H29前

以下に示す＜資料＞に基づき、問題70 〜 71に答えなさい。

ただし、解答の金額に円位未満の端数が生じた場合には、小数点以下第１位を四捨五入すること。

＜資料＞

A．生産データ

月初仕掛品 　　40kg（1/2）

当月投入量 　　<u>210</u>

　計 　　250kg

月末仕掛品 　　<u>50</u>　（4/5）

完　成　品 　　<u>200kg</u>

　（注）（　　）内は加工進捗度を示す。

B．原価データ

月初仕掛品原価

原　料　費 　　243,200 円

加　工　費	79,000	
合　　計	322,200 円	

当月製造費用

原　料　費	1,381,800 円	
加　工　費	1,001,000	
合　　計	2,382,800 円	

C．その他

原料は、全て工程の始点で投入されている。

先入先出法によって計算した場合の月末仕掛品原価として正しいものは、次のうちどれか。

ア．505,000円

イ．511,000円

ウ．515,000円

エ．550,000円

解答 p.305

平均法によって計算した場合の完成品原価として正しいものは、次のうちどれか。

ア．2,020,000円

イ．2,149,000円

ウ．2,194,000円

エ．2,200,000円

解答 p.305

H29前

G社では、単一工程単純総合原価計算を実施している。同社における以下の<資料>に基づき、問題72 ～ 73に答えなさい。

ただし、解答の金額に円位未満の端数が生じた場合には、小数点以下第1位を四捨五入すること。

<資料>

A．月初仕掛品

　　数　　　量……………6,400kg

　　加工進捗度……………50％

　　直接材料費……………　888,750 円

　　直接労務費……………1,000,000 円

　　製造間接費……………　375,000 円

B．当月製造費用

　　直接材料費……………2,750,000 円

　　直接労務費……………5,225,000 円

　　製造間接費……………2,256,250 円

C．当月完成品量…………16,000kg

D．月末仕掛品

　　数　　　量……………8,000kg

　　加工進捗度……………50％

E．計算上の条件

　1．直接材料は、全て工程の始点で投入されている。

　2．月末仕掛品の評価は、平均法による。

月末仕掛品原価として正しいものは、次のうちどれか。

ア．2,984,167円
イ．3,031,250円
ウ．3,814,167円
エ．4,165,000円

解答 p.306

完成品原価として正しいものは、次のうちどれか。

ア．8,330,000円
イ．8,680,833円
ウ．9,463,750円
エ．9,510,833円

解答 p.307

以下に示す＜資料＞に基づき、問題74 ～ 75に答えなさい。
ただし、解答の金額に円位未満の端数が生じた場合には、小数点以下第1位
を四捨五入すること。

＜資料＞
A．生産データ
　　月初仕掛品　　　　　300kg（1/2）
　　当月投入量　　　　5,700
　　　　計　　　　　　6,000kg
　　正常仕損　　　　　　60　（2/5）

　　月末仕掛品　　　　540　（1/3）

　　完　成　品　　5,400kg

　　（注）（　　）内は加工進捗度を示す。

B．原価データ

　　月初仕掛品原価

　　原　料　費　　　33,000 円

　　加　工　費　　　14,500

　　　合　　計　　　47,500 円

　　当月製造費用

　　原　料　費　　　513,000 円

　　加　工　費　　　436,400

　　　合　　計　　　949,400 円

C．その他の計算条件

　1．原料は、全て工程の始点で投入されている。

　2．月末仕掛品の評価は、先入先出法による。

　3．正常仕損費の処理は、正常仕損費を分離計算しないで、負担させるべ
　　きものに負担させるという処理方法による。

正常仕損費を完成品のみに負担させる場合、月末仕掛品原価中の原料費分と
して正しいものは、次のうちどれか。

ア．48,600円

イ．49,117円

ウ．49,140円

エ．51,300円

解答 p.307

正常仕損費を完成品のみに負担させる場合、月末仕掛品原価中の加工費分として正しいものは、次のうちどれか。

ア．14,403円

イ．14,466円

ウ．14,483円

エ．14,547円

解答 p.307

以下に示す＜資料＞に基づき、問題76 〜 77に答えなさい。

ただし、解答の金額は、小数点以下第1位を四捨五入したものとする。

＜資料＞

A．月初仕掛品

数量	500kg
直接材料費	22,500 円
加工費	18,000 円
加工進捗度	30％

B．当月製造費用

直接材料費	152,500 円
加工費	289,500 円

C．当月完成品量　　　2,650kg

D．月末仕掛品
　　数量　　　　　　　　600kg
　　加工進捗度　　　　　50％

E．正常減損
　　数量　　　　　　　　70kg
　　加工進捗度　　　　　50％

F．正常仕損
　　数量　　　　　　　　80kg
　　加工進捗度　　　　　50％

G．異常仕損
　　数量　　　　　　　　100kg
　　加工進捗度　　　　　50％

H．その他
　1．直接材料は、全て工程の始点で投入されている。
　2．月末仕掛品の評価は、平均法による。
　3．正常減損費、正常仕損費の処理は、両費用を分離把握しないで、完成
　　品と月末仕掛品とに負担させる。
　4．異常仕損品には、正常減損費、正常仕損費を一切負担させない。

異常仕損費中の直接材料費分として正しいものは、次のうちどれか。

ア．5,000円
イ．5,102円
ウ．5,119円
エ．5,224円

解答 ● p.308

月末仕掛品原価中の直接材料費分として正しいものは、次のうちどれか。

ア．30,000円
イ．30,448円
ウ．31,385円
エ．32,308円

解答 p.308

以下に示す＜資料＞に基づき、問題78 ～ 80に答えなさい。
ただし、解答の金額に円位未満の端数が生じた場合には、小数点以下第１位
を四捨五入すること。

＜資料＞
A．生産データ

月初仕掛品	100kg	(0.5)
当月投入量	2,000	
計	2,100kg	
正常仕損	100	(0.4)
月末仕掛品	100	(0.3)
完成品	1,900kg	

（注）（　　）内は加工進捗度を示す。

B．原価データ

　　月初仕掛品原価

　　　原　料　費　　　46,000 円

　　　加　工　費　　　27,420

　　　合　　計　　　　73,420 円

　　当月製造費用

　　　原　料　費　　　948,100 円

　　　加　工　費　　1,053,000

　　　合　　計　　　2,001,100 円

C．その他

　1．原料は、全て工程の始点で投入されている。

　2．月末仕掛品の評価は、先入先出法による。

　3．正常仕損費の処理は、正常仕損費を分離把握しないで、負担させるべきものに負担させる方法による。

正常仕損費を完成品のみに負担させるとした場合、月末仕掛品原価として正しいものは、次のうちどれか。

ア．63,791円

イ．63,858円

ウ．66,499円

エ．66,703円

解答　p.308

正常仕損費を完成品のみに負担させるとした場合、完成品原価として正しいものは、次のうちどれか。

ア．2,007,817円

イ．2,008,021円

ウ．2,010,662円

エ．2,010,729円

解答 p.309

問題 80

H30後

正常仕損費を完成品と月末仕掛品の両者に負担させるとした場合、月末仕掛品原価として正しいものは、次のうちどれか。

ア．63,791円

イ．63,858円

ウ．66,499円

エ．66,703円

解答 p.309

B●実際原価計算　＞　4●製造原価の製品別計算（総合原価計算）

3●工程別総合原価計算 　　　　　テキスト第2編第4章第3節

H27後

工程別総合原価計算に関する記述として不適切なものは、次のうちどれか。

ア．全原価要素工程別総合原価計算においては、工程別に全原価要素について計算する。

イ．加工費工程別総合原価計算（加工費法）においては、工程別に加工費のみについて計算する。

ウ．累加法においては、最終完成品が負担する各工程別原価を把握することができる。

エ．非累加法においては、各工程における完成品を次工程に振り替える際に、それに要した原価を次工程へ振り替えないで製品原価が計算される。

解答 ● p.310

H30前

S社は全原価要素工程別総合原価計算を実施している。以下の＜資料＞に基づき、問題82 〜 84に答えなさい。

ただし、解答の金額に円位未満の端数が生じた場合には、小数点以下第1位を四捨五入すること。

＜資料＞

A．生産データ

　　第1工程

　　　　月初仕掛品　　　3,000kg（0.3）

　　　　当月投入量　　　10,500

　　　　　計　　　　　 13,500kg

月末仕掛品 　2,500　 （0.6）

当月完成品 　11,000kg

第2工程

月初仕掛品 　1,250kg （0.4）

当月投入量 　11,000

計 　12,250kg

月末仕掛品 　2,100　 （0.6）

当月完成品 　10,150kg

（注）（　　）内は加工進捗度を示す。

B．原価データ

第1工程

月初仕掛品原価

原　料　費 　366,000 円

加　工　費 　21,300

計 　387,300 円

当月製造費用

原　料　費 　1,428,000 円

加　工　費 　279,560

計 　1,707,560 円

第2工程

月初仕掛品原価

前　工　程　費 　525,300 円 （内原料費　410,500 円）

加　工　費 　121,500

計 　646,800 円

当月製造費用

加　工　費 　2,683,860 円

C．その他

1．原料は、全て第1工程の始点で投入されている。

2．月末仕掛品の評価は、先入先出法による。

3．工程別計算は累加法による。

第1工程の完成品原価として正しいものは、次のうちどれか。

ア．1,668,298円

イ．1,706,923円

ウ．1,718,710円

エ．1,726,535円

解答　p.310

第2工程完成品原価中の前工程費分として正しいものは、次のうちどれか。

ア．1,454,000円

イ．1,578,900円

ウ．1,586,918円

エ．1,915,893円

解答　p.311

第2工程完成品原価として正しいものは、次のうちどれか。

ア．4,208,879円

イ．4,354,888円

ウ．4,403,274円

エ．4,411,293円

解答　p.311

B ● 実際原価計算　＞　4 ● 製造原価の製品別計算（総合原価計算）

4 ● 組別総合原価計算

テキスト第2編第4章第4節

組別総合原価計算に関する記述として適切なものは、次のうちどれか。

ア．組別総合原価計算は、同一工程において同一原料から必然的に生産される異種の製品について適用される総合原価計算である。
イ．組別に発生が把握される原価を組間接費という。
ウ．組別総合原価計算においては、通常、特定製品製造指図書が発行される。
エ．組別総合原価計算には、単一工程組別総合原価計算と工程別組別総合原価計算とがある。

解答 ● p.312

V社では、組別総合原価計算を実施している。以下に示す＜資料＞に基づき、問題85〜87に答えなさい。
ただし、解答の金額に円位未満の端数が生じた場合には、小数点以下第1位を四捨五入すること。
なお、？については、各自で推定すること。

＜資料＞
　A．生産データ

	A製品	B製品
月初仕掛品	400kg（1/4）	300kg（1/3）
当月投入量	2,800	4,500
計	3,200kg	4,800kg
月末仕掛品	600 （2/5）	500 （1/2）

完　成　品	2,600kg	4,300kg
直接作業時間	380 時間	280 時間

（注）（　）内は加工進捗度を示す。

B．原価データ

	A製品	B製品
月初仕掛品原価		
原　料　費	59,000 円	115,800 円
加　工　費	19,700	9,800
合　　計	78,700 円	125,600 円
当月製造費用		
原　料　費	453,600 円	1,809,000 円
加　工　費	？	？
合　　計	？ 円	？ 円

C．その他
1．原料は、全て工程の始点で投入されている。
2．加工費は、直接作業時間を配賦基準とする予定配賦率によって、各製品に配賦する。ただし、予定配賦率は、直接作業1時間当たり1,500円とする。
3．月末仕掛品の評価は、先入先出法による。

A製品の月末仕掛品原価として正しいものは、次のうちどれか。

ア．135,780円
イ．145,947円
ウ．147,127円
エ．157,292円

解答　p.312

B製品の月末仕掛品原価として正しいものは、次のうちどれか。

ア．224,115円
イ．224,596円
ウ．234,768円
エ．247,667円

解答 p.313

B製品の完成品原価として正しいものは、次のうちどれか。

ア．2,106,933円
イ．2,119,832円
ウ．2,130,004円
エ．2,130,485円

解答 p.313

B●実際原価計算 ＞ 4●製造原価の製品別計算（総合原価計算）

5●等級別総合原価計算

問題
89

等級別総合原価計算に関する記述として適切なものの組合わせは、次のうちどれか。

A．同一工程において、異種製品を連続生産するが、その製品を形状、大きさ、品位等に区別する場合に適用する。

B．各等級製品について等価比率を定め、この等価比率に1期間における生産数量を乗じた積数の比で、1期間の完成品の総合原価を一括的に各等級製品に按分する等級別総合原価計算の方法は、単純総合原価計算に類似した方法である。

C．製品と関連させた等価係数は、各等級製品の重量、長さ、面積、純分度、熱量、硬度等に基づいて算定する。

D．等級製品は、連産品とは異なり、それぞれの製品を別個に生産することができる。したがって、連産品と比較した場合のこのような等級製品の特質からして、等級製品については組別総合原価計算の適用が可能である。

ア．A、B
イ．A、C
ウ．B、D
エ．C、D

解答 ●p.314

以下に示す＜資料＞に基づいた場合、等級別総合原価計算におけるC級品の完成品原価として正しいものは、次のうちどれか。

ただし、本問においては、「原価計算基準」22（一）に規定する方法によること。

なお、計算に当たり、金額に円位未満の端数が生じた場合には、小数点以下第1位を四捨五入すること。

＜資料＞

A．生産データ

月初仕掛品	150 個 (0.3)
当月投入量	350
計	500 個
月末仕掛品	100 (0.8)
完 成 品	400 個

（注）（ ）内は加工進捗度を示す。

B．原価データ

月初仕掛品原価

原 料 費	21,360 円
加 工 費	4,320
合 計	25,680 円

当月製造費用

原 料 費	32,640 円
加 工 費	58,080
合 計	90,720 円

C．その他の計算条件

1．原料は、全て工程の始点で投入されている。

2．月末仕掛品の評価は、平均法による。

3．等級製品ごとの等価係数等は、下記のとおりである。

製品名	完成品数量	等価係数	積数	等価比率	完成品原価	完成品単位原価
A級品	80個	1	80	0.27	25,704円	321円
B級品	200個	0.8	160	0.53	？ 円	？ 円
C級品	120個	0.5	60	0.20	？ 円	？ 円
	400個		300		？ 円	

ア．　19,040円
イ．　21,200円
ウ．　50,773円
エ．　116,400円

解答 p.314

6●連産品の原価計算　　　　テキスト第2編第4章第6節

問題

以下に示す＜資料＞に基づいた場合、製品Pの分離点における製造原価として正しいものは、次のうちどれか。
ただし、解答の金額に円位未満の端数が生じた場合には、小数点以下第1位を四捨五入すること。

＜資料＞

A．分離点までの実際発生原価

　　原料費　　7,470,100円

　　加工費　　2,089,100円

B．連産品の生産量、見積販売単価、分離点後の見積個別加工費

製品名	生産量	見積販売単価	分離点後の 見積個別加工費
製品O	29,600kg	320円／kg	80円／kg
製品P	8,600kg	580円／kg	120円／kg
製品Q	11,800kg	230円／kg	10円／kg
合計	50,000kg	－	－

C．その他

　　連結原価を、正常市価基準によって、各連産品に配分しているものとする。

ア．1,510,636円

イ．2,769,200円

ウ．2,776,365円

エ．4,972,800円

解答　p.316

以下に示す記述において、（　　　）内に当てはまる語句の組合せとして適切なものは、次のうちどれか。

　同一工程において同一原料から必然的に生産される異種の製品であって、相互に重要な経済的価値を有するものを（　A　）といい、また、経済的価値が相対的に低いものを（　B　）という。（　A　）を生産する過程で（　B　）が発生する場合には、その価額を算定して、（　A　）の（　C　）から控除する。

ア．A：副産物　　　B：連産品　　　C：見積売却価額
イ．A：組製品　　　B：等級製品　　C：原料費
ウ．A：仕掛品　　　B：仕損品　　　C：加工費
エ．A：連産品　　　B：副産物　　　C：連結原価

解答 ● p.317

1●原価差異の算定　　　　　　　　　　　テキスト第2編第5章第1節

問題 93 H30前

以下に示す＜資料＞に基づいた場合、当月の製造間接費配賦差異の金額として正しいものは、次のうちどれか。

＜資料＞
A．年間の製造間接費予算額　　　　2,160,000 円
B．年間の基準操業度　　　　　　　8,640 時間
C．当月の実際直接作業時間　　　　800 時間
D．当月の製造間接費実際発生額　　189,000 円

ア．　　9,000円（有利差異）
イ．　11,000円（有利差異）
ウ．　20,000円（不利差異）
エ．108,000円（不利差異）

解答 p.318

問題 94 H28後

以下に示す＜資料＞に基づいた場合、材料消費価格差異の金額として正しいものは、次のうちどれか。

＜資料＞
A．材料450個を仕入れた。
B．上記材料のうち、300個を直接材料として、20個を間接材料として払い出した。ただし、予定価格＠200円を用いた。
C．月末に材料元帳から明らかになった実際払出価格は、＠205円であった。

ア．　 650円（不利差異）

イ．1,500円（不利差異）

ウ．1,600円（不利差異）

エ．2,250円（不利差異）

解答 p.318

以下の＜資料＞に基づいた場合、賃率差異として正しいものは、次のうちどれか。

＜資料＞

A．予定平均賃率1,200円を利用して、消費賃金を計算している。

B．当月の実際作業時間

　　直接作業時間：580時間　　　間接作業時間：120時間

C．当月の実際消費賃金額

　　875,000円

ア．　 6,000円（不利差異）

イ．　29,000円（不利差異）

ウ．　35,000円（不利差異）

エ．179,000円（不利差異）

解答 p.318

2●原価差異の会計処理　テキスト第2編第5章第2節

「原価計算基準」に照らした場合、実際原価計算制度における原価差異の会計処理に関する記述として誤っているものは、次のうちどれか。

ア．材料消費価格差異は、材料の消費価格を予定価格等によって計算した場合に生じる原価差異をいい、原則として当年度の売上原価に賦課する。

イ．材料受入価格差異は、材料の受入価格を予定価格等によって計算した場合に生じる原価差異をいい、原則として当年度の売上原価に賦課する。

ウ．賃率差異は、労務費を予定賃率によって計算した場合に生じる原価差異をいい、原則として当年度の売上原価に賦課する。

エ．製造間接費配賦差異は、製造間接費を予定配賦率によって製品に配賦した場合に生じる原価差異をいい、原則として当年度の売上原価に賦課する。

解答● p.320

実際総合原価計算において比較的多額の原価差異が生ずる場合、その処理方法に関する記述として適切なものは、次のうちどれか。

ア．当年度の売上原価に賦課する。

イ．当年度の材料の払出高と期末在高に配賦する。

ウ．当年度の売上原価と期末における棚卸資産に指図書別に配賦する。

エ．当年度の売上原価と期末における棚卸資産に科目別に配賦する。

解答● p.320

B●実際原価計算　＞　6●営業費計算

1●営業費の意義
テキスト第2編第6章第1節

問題
98
H29前

営業費に関する記述として適切なものは、次のうちどれか。

ア．営業費は、一般に販売費、一般管理費及び製造原価からなる。

イ．営業費の計算目的は、予算作成目的及び経営管理目的に大別される。

ウ．営業費は、通常、製品原価として処理される。

エ．営業費は、「原価計算基準」によると形態別、機能別、直接費と間接費、固定費と変動費及び管理可能費と管理不能費に分類される。

解答　p.322

 ２●営業費の分類と計算　　　　　　　テキスト第２編第６章第２節

営業費の分類に関する記述として不適切なものは、次のうちどれか。

ア．形態別分類が、製造原価の計算と同様に、原価分類の基礎となる。

イ．製造原価の計算よりも、機能別分類の重要性が高い。

ウ．営業費は、製造原価と異なり、特定のセグメント（販売品種、販売経路、
　地域、顧客等）との関連によって、直接費と間接費とに分類される。

エ．固定費と変動費の分類によると、一般に製造原価よりも、特に一般管理
　費において変動費の割合が高い。

解答 p.323

以下に示す販売費及び一般管理費に関する記述のうち、「原価計算基準」に
照らして、（　　）内に当てはまる語句の組合せとして正しいものは、次の
うちどれか。

　販売費及び一般管理費の計算では、原則として形態別分類を基礎とし、こ
れを（　Ａ　）と（　Ｂ　）とに大別し、さらに、必要に応じ機能別分類を
加味して分類し、一定期間の発生額を計算する。その計算は、製造原価の
（　Ｃ　）計算に準ずる。

ア．Ａ：直接費　　　Ｂ：間接費　　　Ｃ：部門別

イ．Ａ：変動費　　　Ｂ：固定費　　　Ｃ：部門別

ウ．Ａ：直接費　　　Ｂ：間接費　　　Ｃ：費目別

エ．Ａ：変動費　　　Ｂ：固定費　　　Ｃ：費目別

解答 p.323

ビジネス・キャリア®検定試験
解答・解説編

1●工業経営と工業簿記　　　　　テキスト第1編第1章第1節

 問題 1 解答　　　　　　　　　　　　　　H30前

| 正 解 | エ

ポイント　完全工業簿記と商的工業簿記（不完全工業簿記）についての理解を問う。

解 説

ア．適切。

イ．適切。

ウ．適切。

エ．不適切。商的工業簿記においては、棚卸計算法により、材料の期末有高から当期の材料消費額が間接的に算定されるため、その記録・計算は不完全なものとなる。

問題 2 解答　　　　　　　　　　　　　　H28後

| 正 解 | エ

ポイント　工業経営の特色及び工業簿記の特質と種類に関する理解を問う。

解 説

ア．適切。

イ．適切。

ウ．適切。

エ．不適切。商的工業簿記は、原価の記録・計算は不完全であることから、材料がどの部門で、どの製品のために、どれだけ消費されたかということを直接的に把握できない。当期の材料消費額は、棚卸計算法により、材料の期末有高から当期の材料消費額は間接的に算定される。

A●工業簿記と原価計算の基礎 ＞ 1●工業簿記

 解答　　　　　　　　　　　　　　　　

（問題3／H30後）

正　解　イ

ポイント　工業簿記と原価計算の関係に関する理解を問う。

解　説

ア．不適切。商的工業簿記は、原価計算が行われていない工業簿記である。

イ．適切。

ウ．不適切。当期の材料費が棚卸計算法により算定されるのは、商的工業簿記である。

エ．不適切。商的工業簿記では、原価の記録・計算は不完全なものとなるが、完全工業簿記では、原価に関する正確な記録・計算が可能となる。

（問題4）　解答　　　　　　　　　　　　　　　　（H29後）

正　解　エ

ポイント　完全工業簿記に関する理解を問う。

解　説

ア．不適切。原価計算と有機的に結びついた工業簿記を完全工業簿記といい、一般に大規模の工業経営に適用される。これによると、原価計算のデータから得られる当期の材料費は14,000円（＝2,500円＋15,000円－3,000円－500円）となる。

イ．不適切。同上

ウ．不適切。同上

エ．適切。（A：完全工業簿記）は、原価計算が実施され、それと有機的に結びついた工業簿記をいい、一般に（B：大規模の工業経営）に適用される。これによると、例えば、材料の期首有高が2,500円、当期仕入高が15,000円、期末有高（実地棚卸高）が3,000円、棚卸減耗費が500円である

場合、当期の材料費は（Ｃ：14,000）円となる。

2●**財務諸表作成目的** テキスト第1編第2章第2節

解答 H27後

正 解 ウ

ポイント 原価計算の目的に関する理解を問う。

解 説

ア．適切。

イ．適切。

ウ．不適切。製造原価明細書は、損益計算書における売上原価の計算過程と
して示されている「当期製品製造原価」の内訳明細を示したものである。

エ．適切。

3●経営管理目的 テキスト第1編第2章第3節

問題 6 解答　H30後

正　解　ア

ポイント　経営意思決定目的に関する理解を問う。

解　説

A．不適切。経営意思決定目的は、随時的な経営意思決定目的等ともいう。「原価計算基準」が挙げている基本計画設定目的は、経営意思決定目的の一部に相当するが、経営意思決定目的と同じではない。

B．不適切。経営意思決定は各種の観点から分類されるが、それが経営構造そのものに関するものであるか否かに基づき、戦略的意思決定と業務執行的意思決定に分類される。

C．適切。

D．適切。

●参考文献

・「原価計算基準」1（五）

問題 7 解答　H30前

正　解：イ

ポイント　原価管理目的に関する理解を問う。

解　説

ア．適切。

イ．不適切。広義の原価管理はコスト・マネジメント、また狭義の原価管理はコスト・コントロールと呼ばれる。

ウ．適切。

エ．適切。

4 ● 「原価計算基準」の原価計算目的

テキスト第1編第2章第4節

問題 8 解答

H29前

正　解　エ

ポイント　原価計算の目的のうち財務諸表作成目的についての理解を問う。

解　説

ア．不適切。

イ．不適切。

ウ．不適切。

エ．適切。財務合計目的ともいわれる。

●参考文献

・「原価計算基準」1（一）

問題 9 解答

H27前

正　解　イ

ポイント　「原価計算基準」における原価計算の目的に関する理解を問う。

解　説

ア．正しい。

イ．誤り。予算の編成並びに予算統制のために必要な原価資料を提供することを予算管理目的という。

ウ．正しい。

エ．正しい。

●参考文献

・「原価計算基準」1

A●工業簿記と原価計算の基礎 ＞ 3●原価計算制度と特殊原価調査

1●原価計算制度

解答

H29前

正　解　イ

ポイント　原価計算制度に関する理解を問う。

解　説

A．不適切。原価計算制度は、財務諸表作成目的、原価管理目的、利益管理目的といった毎期継続して要請される異なる原価計算目的が、重点の相違はあるが相ともに達成できる原価計算である。

B．適切。

C．適切。

D．不適切。「原価計算基準」は、原価計算制度を、実際原価計算制度と標準原価計算制度とに分類している。

●参考文献

・「原価計算基準」2

2●特殊原価調査

問題 11 解答

H28後

| 正 解 | イ |

ポイント 原価計算制度と特殊原価調査に関する理解を問う。

解 説

ア．適切。

イ．不適切。原価計算制度は、財務諸表作成目的、原価管理目的、利益管理目的といった経常的な原価計算目的が、重点の相違はあるが相ともに達成できる原価計算である。

ウ．適切。

エ．適切。

1●原価の概念

テキスト第1編第4章第1節

問題 **12** 解答

H30後

正　解　ウ

ポイント　原価の一般概念に関する理解を問う。

解　説

ア．正しい。

イ．正しい。

ウ．誤り。財務活動は含まれない。

エ．正しい。

●参考文献

・「原価計算基準」3

問題 **13** 解答

H28後

正　解　エ

ポイント　全部原価と部分原価に関する理解を問う。

解　説

ア．正しい。

イ．正しい。

ウ．正しい。

エ．誤り。最も重要な部分原価は、変動直接費及び変動間接費のみを集計した直接原価（変動原価）である。つまり、直接原価には変動間接費も含まれる。

●参考文献

・「原価計算基準」4（三）

問題14 解答　　　　　　　　　　　　H28前

正解　エ

ポイント　非原価項目に関する理解を問う。

解説

「B．休業賃金」と「D．工場に係る固定資産税」は原価を構成する。

● 参考文献
・「原価計算基準」5

 問題15 解答　　　　　　　　　　　　H26後

正解　ウ

ポイント　埋没原価に関する理解を問う。

解説

ア．不適切。付加原価に関する記述である。

イ．不適切。機会原価に関する記述である。

ウ．適切。

エ．不適切。回避可能原価に関する記述である。

 問題16 解答　　　　　　　　　　　　H25後

正解　エ

ポイント　機会原価に関する理解を問う。

解説

機会原価は、ある経済的資源をある特定の用途に利用し、他の代替的用途に利用することを放棄する場合、その放棄の結果として犠牲となる最大利益の測定額であるから、本問の場合、第２案から得られるであろう利益90万円

が機会原価となる。

２●原価の分類　テキスト第１編第４章第２節

問題17 解答　H30前

正　解　ウ

ポイント　製造原価要素の分類についての基本的事項の理解を問う。

解　説

　原価の分類基準とそれに対する原価要素の費目を示せば、次のとおりである。

1．製品との関連における分類　　：B．直接費、間接費
2．操業度との関連における分類：D．変動費、固定費
3．形態別分類　　　　　　　　　：A．材料費、労務費
4．機能別分類　　　　　　　　　：C．動力用電気料、照明用電気料

　よって、正解はウである。

問題18 解答　H29後

正　解　イ

ポイント　製造原価と総原価の構成に関する理解を問う。

解　説

ア．適切。
イ．不適切。製造原価のうち、一般に、直接材料費と直接労務費との合計額は素価と呼ばれる。
ウ．適切。
エ．適切。

問題 **19** 解答 H28前

正解　ア

ポイント　操業度との関連における原価の分類に関する理解を問う。

解説

ア．不適切。変動費とは、操業度の増減に伴って総額において比例的に増減する原価をいい、直接材料費等がこれに相当する。

イ．適切。

ウ．適切。

エ．適切。

問題 **20** 解答 H26後

正解　イ

ポイント　製造原価要素の分類に関する理解を問う。

解説

ア．適切。

イ．不適切。製品との関連における分類とは、製品に対する原価発生の態様による分類であり、製造原価は、この分類基準によって直接費と間接費とに分類される。

ウ．適切。

エ．適切。

●参考文献
・「原価計算基準」8

原価計算の種類　テキスト第1編第5章第1節

問題 **21** 解答　

【正　解】　イ

【ポイント】　原価計算の種類（実際原価計算、予定原価計算、全部原価計算、部分原価計算、原価計算制度、特殊原価調査）に関する理解を問う。

【解　説】

ア．適切。

イ．不適切。原価計算は、製品原価として全部の製造原価を集計するか否かにより、全部原価計算と部分原価計算とに分類される。

ウ．適切。

エ．適切。

271

2●原価計算の手続

問題 22 解答

H26前

正　解　ウ

ポイント　製造原価の計算における3つの手続過程に関する理解を問う。

解　説

ア．適切。

イ．適切。

ウ．不適切。部門別計算は、原価管理をより有効にするために、またより正確な製品原価の計算を行うために、重要な手続過程である。

エ．適切。

問題 23 解答

H28後

正　解　ウ

ポイント　原価（計算）単位及び原価計算期間に関する理解を問う。

解　説

　原価を集計する（A：物量的単位）を、原価単位または原価計算単位という。例えば、1本、1kg、1ポンド、1リットル等のように、製品一つひとつを原価単位とする場合や、1ロットや1バッジを原価単位とする場合もある。また、原価単位は、各部門における作業の（B：業績）を測定するためにも必要である。例えば、動力部門における電力供給量について、供給電力1キロワット時（kW-h）を原価単位として用いる場合である。

　また、原価計算期間は、製品原価の計算及び原価報告のために人為的に区切られた一定の期間であり、通常、暦の月の1ヵ月である。原価計算には、（C：財務諸表作成目的）だけでなく、その重要な目的として（D：経営管理目的）がある。したがって、原価計算期間は、（D：経営管理目的）を果たすために、

経営管理者に有用な原価情報を迅速に提供する必要があることから、通常、半年や1年という会計期間より短い、暦の月の1ヵ月とされるのである。

3●原価計算の形態

問題 24 解答

H29後

正　解　ウ

ポイント　個別原価計算、単純総合原価計算、等級別総合原価計算及び組別総合原価計算の各々が、どのような生産形態又は企業に適用されるかについての理解を問う。

解　説

A．適切。

B．不適切。単純総合原価計算は、単一種類の製品を反復連続的に生産する企業に適用される。

C．不適切。等級別総合原価計算は、同一の原材料を用いて同一の工程から生産される同種の製品であるが、それをその製品の形状、大きさ、重量、品位等の相違に基づいて、等級に区別した製品を生産する企業に適用される。

D．適切。

よって、正解はウである。

問題 25 解答

H28後

正　解　エ

ポイント　個別原価計算と総合原価計算に関する理解を問う。

解　説

ア．不適切。個別原価計算では特定製品製造指図書が発行されるのに対して、総合原価計算では継続製造指図書が発行される。

イ．不適切。個別原価計算が種類を異にする製品を個別的に生産する生産形態に適用される原価計算の方法であるのに対して、総合原価計算は標準規

格製品を大量生産する生産形態に適用される原価計算の方法である。

ウ．不適切。一般に、個別原価計算を適用する業種が造船業、航空機製造業
　　等であるのに対して、総合原価計算を適用する業種はセメント製造業、石
　　油工業、化学工業等である。

エ．適切。

1●材料費計算

テキスト第2編第1章第1節

問題 26 解答

H30後

正　解　イ

ポイント　材料費の分類に関する理解を問う。

解　説

ア．適切。

イ．不適切。買入部品費は、直接材料費に分類される。

ウ．適切。

エ．適切。

問題 27 解答

H29後

正　解　エ

ポイント　材料費の一般的分類（①直接材料費：主要材料費、買入部品費 ②間接材料費：補助材料費、工場消耗品費、消耗工具器具備品費）における具体的費目についての理解を問う。

解　説

A．適切。

B．適切。

C．不適切。金額的に重要でない油や石鹸等の消費額は、工場消耗品費である。

D．不適切。固定資産として処理する必要のないテーブルや椅子等の消費額は、消耗工具器具備品費である。

よって、正解はエである。

問題 **28** 解答

H28後

| 正　解 | エ |

| ポイント | 材料の購入原価に関する理解を問う。 |

| 解　説 |

ア．適切。

イ．適切。

ウ．適切。

エ．不適切。材料の購入原価は、購入代価に材料副費の一部又は全部が加算される。

●参考文献

・「原価計算基準」11（四）

問題 **29** 解答

H26後

| 正　解 | ア |

| ポイント | 材料費の計算に関する理解を問う。 |

| 解　説 |

ア．不適切。消費単価は、原則として、その材料の単位当たり実際購入価額である。ただし、計算の迅速化などのためにあらかじめ決めておいた消費単価を用いることもできる。この消費単価を予定消費単価という。

イ．適切。

ウ．適切。

エ．適切。

B●実際原価計算　＞　1●製造原価の費目別計算

2●労務費計算
テキスト第2編第1章第2節

問題 30 解答
H30前

正 解　イ

ポイント　間接労務費の計算に関する理解を問う。

解 説

当月間接労務費の計算

（間接作業時間200時間＋手待時間20時間）×1,200円／時間＝264,000円

問題 31 解答
H29前

正 解　イ

ポイント　加給金についての理解を問う。

解 説

加給金とは、作業に直接関係のある手当であり、時間外手当（残業手当）、夜勤手当、危険作業手当等がある。

ア．適切。

イ．不適切。通勤手当は諸手当であり、作業に直接関係のある手当でない。諸手当は、支払賃金とともに給与支給総額を構成する。

ウ．適切。

エ．適切。

問題 32 解答
H28後

正 解　ウ

ポイント　直接工の勤務時間の内容についての理解を問う。

解 説

　直接工の勤務時間は、就業時間と定時休憩及び職場離脱時間からなる。

　また、就業時間は実働時間と手待時間からなり、実働時間は直接作業時間と間接作業時間からなる。そして、直接作業時間は加工時間と段取時間からなる。

問題 33 解答　　　　　　　　　　　　　　　　　　　　　　　H28前

正 解　　ウ

ポイント　　労務費の形態別分類に関する理解を問う。

解 説

ア．不適切。賃金は、在籍工員の提供する労働力に対して支払われる給与である。

イ．不適切。給料は、工場の監督者や事務職員等の労働力に対して支払われる給与である。

ウ．適切。

エ．不適切。法定福利費は、保険料の事業主負担分である。

B●実際原価計算 ＞ 1●製造原価の費目別計算

③●経費計算
テキスト第2編第1章第3節

問題 34 解答
H30前

正 解 ア

ポイント 支払経費の消費高の計算に関する理解を問う。

解 説

支払経費＝旅費交通費＋通信費＋外注加工賃＋保管料
　　　　＝54,000円＋36,000円＋64,800円＋86,400円
　　　　＝241,200円

問題 35 解答
H29後

正 解 エ

ポイント 複合経費に関する理解を問う。

解 説

ア．適切。

イ．適切。

ウ．適切。

エ．不適切。複合経費は、一般に動力等、補助的な活動について設定される
　ことが多い。

問題 36 解答
H27後

正 解 ア

ポイント 経費の消費高に関して、その測定方法の理解を問う。

解 説

ア．不適切。支払経費の計算では、支払金額をもって当月の消費高とする。

　ただし、前払いがある場合には、前月分を加算し、当月分を減算する。

イ．適切。

ウ．適切。

エ．適切。

4●製造間接費計算 テキスト第2編第1章第4節

問題 **37** 解答 H30後

【正 解】 エ

【ポイント】 製造間接費の配賦に関する理解を問う。

【解 説】

製造間接費の製品への配賦を（A：実際）配賦率によって行うと、製造間接費の製品への配賦額は、（B：原価計算期間）の終了後でなければ計算することができない。したがって、配賦計算が遅延する。

また、（A：実際）配賦率は、（B：原価計算期間）ごとに変動し、その結果、製品原価も毎期変動することになる。

問題 **38** 解答 H29前

【正 解】 ウ

【ポイント】 製造間接費の配賦についての理解を問う。

【解 説】

A．適切。価額基準の1つである。

B．不適切。

C．適切。時間基準の1つである。

D．適切。数量基準の1つである。

問題 **39** 解答 H28前

【正 解】 ア

【ポイント】 製造間接費予定配賦額の計算に関する理解を問う。

解 説

(1) 製造間接費予定配賦率の計算

$$\frac{3,600,000円}{6,000時間} = 600円／時間$$

(2) 当月の製造間接費予定配賦額の計算

600円／時間×490時間＝294,000円

問題 40 解答

H28前

正 解 エ

ポイント 製造間接費配賦差異の分析に関する理解を問う。

解 説

(1) 変動費率の計算

$$\frac{2,400,000円}{6,000時間} = 400円／時間$$

(2) 月間の固定製造間接費予算額の計算

1,200,000円÷12ヵ月＝100,000円

(3) 製造間接費予定配賦率の計算

$$\frac{3,600,000円}{6,000時間} = 600円／時間$$

(4) 予算差異の計算

（400円／時間×490時間＋100,000円）－314,000円

＝－18,000円（不利差異）

(5) 操業度差異の計算

600円／時間×490時間－（400円／時間×490時間＋100,000円）

＝－2,000円（不利差異）

B●実際原価計算 ＞ 2●製造原価の部門別計算

1●部門別計算の意義と目的

テキスト第2編第2章第1節

 解答

正 解 エ

ポイント 製造原価の部門別計算の全体について、すなわち部門別計算の目的、部門別計算の意義、部門に集計される原価要素の範囲、部門別計算の手続過程についての理解を問う。

解 説

ア．適切。

イ．適切。

ウ．適切。

エ．不適切。直接費と間接費→部門個別費と部門共通費。

2●原価部門の設定　　　　　テキスト第2編第2章第2節

 問題 **42** 解答　　　　　 H29後

正　解	イ

ポイント　製造部門と補助部門に関する理解を問う。

解　説

ア．適切。

イ．不適切。製造部門には、企業が主にその製造を目的とする主産物（主製品）の製造作業を行う部門だけでなく、副産物（副製品）の加工や包装品の製造等を行う部門も含まれる。

ウ．適切。

エ．適切。

●参考文献

・「原価計算基準」16

問題 **43** 解答　　　　　H28後

正　解	イ

ポイント　原価部門の設定について、原価部門と部門別計算の目的や経営組織上の部門（工程）との関係、原価部門の分類に関する理解を問う。

解　説

ア．適切。

イ．不適切。製品の製造作業を直接行う部門であるか否かという基準により、製造部門と補助部門とに分類される。

ウ．適切。

エ．適切。

3●部門に集計される原価要素の範囲と分類　テキスト第2編第2章第3節

問題 **44** 解答　　　　　　　　　　　　　　　　　　**H25前**

正　解　ア

ポイント　部門に集計される原価要素の範囲に関する理解を問う。

解　説

ア．不適切。個別原価計算において部門別計算が実施され、その目的がより有効な原価管理の実施にある場合には、管理可能費が部門別に集計される。

イ．適切。

ウ．適切。

エ．適切。

4●部門別計算の手続　　テキスト第2編第2章第4節

問題 45 解答　　H29後

正　解　ウ

ポイント　部門別計算の手続に関する理解を問う。

解　説

ア．適切。

イ．適切。

ウ．不適切。部門個別費と部門共通費を部門ごとに集計する計算手続段階を部門費の第1次集計、各補助部門に集計された部門費を各製造部門に配賦し、製造部門だけに部門費を集計する計算手続段階を部門費の第2次集計という。

エ．適切。

問題 46 解答　　H28前

正　解　エ

ポイント　部門別計算の手続に関する理解を問う。

解　説

ア．不適切。部門共通費は、複数の部門に共通して発生した原価であるため、適切な配賦基準を用いて各部門へ配賦する必要がある。

イ．不適切。部門個別費は、特定部門で発生した原価であり、配賦された部門共通費を含まない。

ウ．不適切。原価部門に集計される原価要素の範囲は、部門別計算の目的や原価計算の形態によって異なったものとなる。

エ．適切。

問題 47 解答

H27前

正解　イ

ポイント　補助部門費の配賦方法に関する理解を問う。

解説

A．適切。

B．不適切。階梯式配賦法は、補助部門間相互の用役の授受関係を計算上も一部認める方法である。

C．不適切。連立方程式法を採用する場合でも、単一基準配賦法も採用され、複数基準配賦法を採用するのが一般的であるとはいえない。

D．適切。

問題 48 解答

H26後

正解　イ

ポイント　階梯式配賦法による補助部門費の配賦計算に関する理解を問う。

解説

＜第1製造部に配賦される工場事務部費の計算＞

(1) 補助部門の順位付け

　1）他の補助部門への用役提供部門数の多い補助部門

　　　　工場事務部………… 2 部門⇒第1順位

　　　　動　力　部………… 1 部門⇒第2順位または第3順位

　　　　修　繕　部………… 1 部門⇒第2順位または第3順位

　2）部門費の多い補助部門

　　　　動　力　部………756,000円⇒第2順位

　　　　修　繕　部………528,000円⇒第3順位

3）他の補助部門への用役提供額の多い補助部門

動　力　部………151,200円⇒第2順位

$$756,000円 \times \frac{600万kW\text{-}h}{1,200万kW\text{-}h + 1,200万kW\text{-}h + 600万kW\text{-}h} = 151,200円$$

修　繕　部………105,600円⇒第3順位

$$528,000円 \times \frac{300時間}{700時間 + 500時間 + 300時間} = 105,600円$$

上記より、第1順位：工場事務部、第2順位：動力部、第3順位：修繕部

(2) 第1製造部に配賦される工場事務部費の計算

$$360,000円 \times \frac{70人}{70人 + 80人 + 12人 + 18人} = \boxed{140,000円}$$

 問題 49 解答

 H26後

正解　　ア

ポイント　　階梯式配賦法による補助部門費の配賦計算に関する理解を問う。

解説

＜第2製造部に集計される製造部門費の合計額の計算＞

(1) 第2製造部に配賦される工場事務部費の計算

$$360,000円 \times \frac{80人}{70人 + 80人 + 12人 + 18人} = 160,000円$$

(2) 第2製造部に配賦される動力部費の計算

1）動力部に配賦される工場事務部費の計算

$$360,000円 \times \frac{12人}{70人 + 80人 + 12人 + 18人} = 24,000円$$

2）第2製造部に配賦される動力部費の計算

$$(756,000円 + 24,000円) \times \frac{1,200万kW\text{-}h}{1,200万kW\text{-}h + 1,200万kW\text{-}h + 600万kW\text{-}h}$$

$$= 312,000円$$

(3) 第2製造部に配賦される修繕部費の計算

　　1) 修繕部に配賦される工場事務部費の計算

$$360,000円 \times \frac{18人}{70人 + 80人 + 12人 + 18人} = 36,000円$$

　　2) 修繕部に配賦される動力部費の計算

$$(756,000円 + 24,000円) \times \frac{600万kW\text{-}h}{1,200万kW\text{-}h + 1,200万kW\text{-}h + 600万kW\text{-}h}$$

$$= 156,000 円$$

　　3) 第2製造部に配賦される修繕部費の計算

$$(528,000円 + 36,000円 + 156,000円) \times \frac{500時間}{700時間 + 500時間} = 300,000円$$

(4) 第2製造部に集計される製造部門費の合計

　　　1,012,000円 + 160,000円 + 312,000円 + 300,000円 = 1,784,000円

B●実際原価計算　＞　3●製造原価の製品別計算（個別原価計算）

 個別原価計算の意義　　　　　　　　　　テキスト第2編第3章第1節

問題 **50** 解答　　　　　　　　　　　　　　　　　　 H30後

正 解　　ウ

ポイント　　個別原価計算の適用業種、特定製造指図書、適用場面及び期末仕掛品の評価に関する理解を問う。

解 説

A．不適切。個別原価計算は、一般に、個別受注生産形態の業種に適用される。

B．適切。

C．適切。

D．不適切。個別原価計算では、未完成の製造指図書に集計されている原価が仕掛品原価であるため、総合原価計算に比べて期末仕掛品の評価は特に重要ではない。

●参考文献

・「原価計算基準」31

問題 **51** 解答　　　　　　　　　　　　　　　　　　H25後

正 解　　ウ

ポイント　　個別原価計算の意義に関する理解を問う。

解 説

ア．適切。

イ．適切。

ウ．不適切。部門別個別原価計算では、通常、製造間接費が部門別に計算される。

エ．適切。

B●実際原価計算　＞　3●製造原価の製品別計算（個別原価計算）

2●個別原価計算の手続　　テキスト第2編第3章第2節

問題 52 解答

H30前

正 解　イ

ポイント　個別原価計算における直接費及び間接費の計算に関する理解を問う。

解 説

A．誤り。間接費は、原則として予定配賦率をもって各指図書に配賦する。

B．正しい。

C．誤り。直接材料費は、当該指図書に関する実際消費量に実際価格又は予定価格等を乗じて計算する。

D．正しい。

●参考文献

・「原価計算基準」32、33

問題 53 解答

H28前

正 解　ウ

ポイント　個別原価計算における製造原価要素の分類と集計単位に関する理解を問う。

解 説

　個別原価計算では、原価を（A：直接費）と（B：間接費）に区分して、（C：製造指図書別）に集計する。

問題 **54** 解答

H29後

正　解　イ

ポイント　部門別個別原価計算における、予定配賦による製造間接費配賦額の計算、製品の一部が仕損となり代品製作のための新製造指図書が発行された場合の仕損費の計算と処理及び作業くずの評価額の算定と処理を含む製造原価の計算、また製品原価と仕掛品原価に関する理解を問う。

解　説

1．直接材料費の計算

　　製造指図書No.101：（800kg＋500kg）×1,320円／kg＝1,716,000円

　　製造指図書No.102：（1,200kg＋600kg）×780円／kg＝1,404,000円

　　製造指図書No.103：（1,000kg＋650kg）×1,140円／kg＝1,881,000円

　　製造指図書No.102－2：（300kg＋150kg）×780円／kg＝351,000円

2．直接労務費の計算

　　製造指図書No.101：（600時間＋360時間）×1,500円／時間＝1,440,000円

　　製造指図書No.102：（700時間＋350時間）×1,500円／時間＝1,575,000円

　　製造指図書No.103：（540時間＋380時間）×1,500円／時間＝1,380,000円

　　製造指図書No.102－2：（90時間＋30時間）×1,500円／時間＝180,000円

3．直接経費の計算

　　製造指図書No.101：230,000円＋92,000円＝322,000円

　　製造指図書No.102：345,000円＋113,000円＝458,000円

　　製造指図書No.103：188,000円＋119,000円＝307,000円

　　製造指図書No.102－2：43,000円＋9,000円＝52,000円

4．製造間接費予定配賦額の計算

　①予定配賦率の計算

　　第1製造部：1,200,000円÷1,500時間＝800円／時間

　　第2製造部：900,000円÷1,000時間＝900円／時間

　　第3製造部：765,000円÷900時間＝850円／時間

　②予定配賦額の計算

　　製造指図書No.101：（600時間×800円／時間）＋（360時間×850円／時間）

$$= 786,000円$$

製造指図書No.102：(700時間×800円／時間) + (350時間×900円／時間)

$$= 875,000円$$

製造指図書No.103：(540時間×900円／時間) + (380時間×850円／時間)

$$= 809,000円$$

製造指図書No.102 - 2：(90時間×800円／時間) + (30時間×900円／時間)

$$= 99,000円$$

5．仕損費の計算

本問では、仕損費の計算は「原価計算基準」が原則として示した手続に従うことが要求されている。本問は、旧製造指図書（No.102）の一部が仕損となり、それが補修によって回復できないことから、その代品製作のために新製造指図書（No.102 - 2）が発行された場合である。このような場合には、新製造指図書、すなわち本問ではNo.102 - 2に集計された製造原価が仕損費となる。

したがって、F社からの受注品（製造指図書No.102）の製造に関する仕損費の計算は次のようになる。

製造指図書No.102 - 2に集計された製造原価：

351,000円（直接材料費）+ 180,000円（直接労務費）

+ 52,000円（直接経費）+ 99,000円（製造間接費予定配賦額）

- 172,000円（仕損品の見積売却価額）= 510,000円（= 仕損費）

6．製造原価の計算

各受注品の製造原価は、当該製造指図書に集計された製造原価である。加えて、製造指図書No.102については、上記5で計算された正常仕損費を直接経費として加算する。なお、製造指図書No.102とNo.103について作業くずが発生しているが、製造間接費の部門費予算の設定において作業くずの評価額が考慮されているため、作業くず評価額を計算し控除する必要はない。

したがって、各受注品（製造指図書）の製造原価の計算は次のようになる。

E社からの受注品（製造指図書No.101）の製造原価：

375,000円（月初仕掛品原価）+ 1,716,000円（直接材料費）

+ 1,440,000円（直接労務費）+ 322,000円（直接経費）

$+786{,}000$円（製造間接費予定配賦額）$=4{,}639{,}000$円

　F社からの受注品（製造指図書No.102）の製造原価：

　　$1{,}404{,}000$円（直接材料費）$+1{,}575{,}000$円（直接労務費）

　　　$+458{,}000$円（直接経費）$+875{,}000$円（製造間接費予定配賦額）

　　　$+510{,}000$円（仕損費）$=4{,}822{,}000$円

　G社からの受注品（製造指図書No.103）の製造原価：

　　$1{,}881{,}000$円（直接材料費）$+1{,}380{,}000$円（直接労務費）

　　　$+307{,}000$円（直接経費）$+809{,}000$円（製造間接費予定配賦額）

　　　$=4{,}377{,}000$円

7．貸借対照表上における製品と仕掛品の金額

　　個別原価計算を採用している場合、月末の貸借対照表に示される製品の金額は、完成して引渡しを終わっていない製造指図書に集計された製造原価である。また仕掛品の金額は、月末において未完成の製造指図書に集計された製造原価である。

　　したがって本問では、貸借対照表上における製品と仕掛品の金額は次のようになる。

　貸借対照表上における製品の金額：

　　F社からの受注品の製造原価（＝製造指図書No.102に集計された製造原価）

　　　$=4{,}822{,}000$円

　貸借対照表上における仕掛品の金額：

　　G社からの受注品の製造原価（＝製造指図書No.103に集計された製造原価）

　　　$=4{,}377{,}000$円

問題 55 解答

H28後

（正　解）　ウ

（ポイント）　素価基準による製造間接費の製造指図書への配賦額の計算に関する理解を問う。

（解　説）

1．本問での素価の総額は$4{,}374{,}000$円（$=810{,}000$円$+648{,}000$円$+486{,}000$円 $+972{,}000$円$+810{,}000$円$+648{,}000$円）となり、また製造指図書No.301の素

価は1,782,000円（＝810,000円＋972,000円）となる。

2．第1製造部門費配賦率の計算

$$第1製造部門費配賦率＝\frac{1,049,760円}{4,374,000円}＝0.24円$$

3．第1製造部門費の製造指図書№.301への配賦額の計算

0.24円×1,782,000円＝427,680円

 解答 H28後

【 正 解 】 ア

【ポイント】 直接作業時間基準による製造間接費の製造指図書への配賦額の計算に関する理解を問う。

【 解 説 】

1．第2製造部門費配賦率の計算

$$第2製造部門費配賦率＝\frac{970,593円}{6,070時間^※}＝159.9円$$

※2,430時間＋2,025時間＋1,615時間＝6,070時間

2．第2製造部門費の製造指図書№.302への配賦額の計算

159.9円×2,025時間≒323,798円

 解答 H28後

【 正 解 】 ア

【ポイント】 機械運転時間基準による製造間接費の製造指図書への配賦額の計算に関する理解を問う。

【 解 説 】

1．第3製造部門費配賦率の計算

$$第3製造部門費配賦率＝\frac{895,860円}{810時間^※}＝1,106円$$

※313時間＋270時間＋227時間＝810時間

2．第3製造部門費の製造指図書№.303への配賦額の計算

1,106円×227時間＝251,062円

問題 58 解答 H28前

正 解 イ

ポイント 個別原価計算における製品製造原価の計算に関する理解を問う。

解 説

(1) 直接材料費の計算　　1,750kg×880円／kg＝1,540,000円

(2) 直接労務費の計算　　(650時間＋500時間)×1,400円／時間＝1,610,000円

(3) 製造間接費の計算

第1製造部の予定配賦率：$\dfrac{1,500,000円}{2,500時間}$＝600円／時間

第2製造部の予定配賦率：$\dfrac{960,000円}{2,000\ 時間}$＝480円／時間

製造間接費予定配賦額（第1製造部）＝650時間×600円／時間

＝390,000円

製造間接費予定配賦額（第2製造部）＝500時間×480円／時間

＝240,000円

(4) 製品製造原価の計算

月初仕掛品原価450,000円＋直接材料費1,540,000円

＋直接労務費1,610,000円＋製造間接費630,000円＝4,230,000円

問題 59 解答 H28前

正 解 ア

ポイント 作業くずの評価額の計算と処理に関する理解を問う。

解 説

(1) 見積売却価額の計算

製造指図書№.102の作業くず180kg×100円／kg＝18,000円

(2) 作業くずの評価額

見積売却価額18,000円－見積販売費及び一般管理費3,000円＝15,000円

※製造指図書No.103の作業くずは軽微なものであり、雑収入として処理した
ため、製造原価からは控除しない。

 問題 **60** 解答　　　　　　　　　　　　　　　　　H28前

正　解　エ

ポイント　素価（直接材料費と直接労務費の合計額）基準と直接作業時間
基準による製造間接費の製造指図書別予定配賦額の計算に関する理解を問
う。

解　説

(1) 第１製造部からの製造指図書No.101への製造間接費予定配賦額の計算

　a) 第１製造部におけるNo.101の素価の計算

　　　1,000円／個　×9,216個　＝9,216,000円（直接材料費）

　　　1,500円／時間×1,024時間＝1,536,000円（直接労務費）

　　　9,216,000円＋1,536,000円＝10,752,000円（素価）

　b) 第１製造部からのNo.101への製造間接費予定配賦額の計算

　　　0.25円（予定配賦率）×10,752,000円（素価）

　　　　＝2,688,000円

(2) 第２製造部からの製造指図書No.101への製造間接費予定配賦額の計算

　　　820円（予定配賦率）×1,536時間

　　　　＝1,259,520円

(3) 製造指図書No.101への製造間接費予定配賦額（第１製造部と第２製造部
の合計額）の計算

　　　2,688,000円＋1,259,520円＝3,947,520円

正　解　イ

ポイント　製品の一部が仕損となり、代品製作のための新製造指図書が発行された場合における仕損費の計算（仕損品及び作業くずに売却価値がある場合を含む）に関する理解を問う。

解　説

(1) 本問では、仕損費の計算は「原価計算基準」が原則として示した手続に従うことが要求されている。本問は、旧製造指図書（No.102）の一部が仕損となり、それが補修により回復できないことから、その代品製作のために新製造指図書が発行された場合である。このような場合には、新製造指図書、すなわちNo.102－2に集計された製造原価が仕損費となる。本問では、仕損品に売却価値（見積売却価額150,000円）がある。このように仕損品に売却価値がある場合には、その見積額を新製造指図書（No.102－2）に集計された製造原価から控除した額を仕損費とする。また、作業くずの評価額（80,000円）も＜資料＞Gにより、No.102－2に集計された製造原価から控除されなければならない。

(2) R社からの受注品の製造に関する仕損費（No.102－2）の計算

1,000円／個×757個＝757,000円（直接材料費）

1,500円／時間×305時間＝457,500円（直接労務費）

45,000円＋31,000円＝76,000円（直接経費）

（1,000円／個×455個）＋（1,500円／時間×122時間）

　＝638,000円（第1製造部の素価）

0.25円×638,000円＝159,500円（第1製造部製造間接費予定配賦額）

820円×183時間＝150,060円（第2製造部製造間接費予定配賦額）

159,500円＋150,060円＝309,560円（製造間接費）

757,000円＋457,500円＋76,000円＋309,560円

　＝1,600,060円（No.102－2の製造原価）

128,000円（作業くずの見積売却価額）－25,000円（見積加工費）

　－23,000円（見積販売費・一般管理費）＝80,000円（作業くずの評価額）

　　1,600,060円（No.102-2の製造原価）－150,000円（仕損品売却価額）

　　　－80,000円（作業くずの評価額）＝1,370,060円（仕損費）

解答

正　解　　ウ

ポイント　　個別原価計算における製造間接費の製造指図書別配賦額の計算に関する理解を問う。

解　説

（1）切削部門からの製造間接費配賦額の計算

　　　製造指図書No.101　120時間×800円＝　96,000円

　　　　　〃　　　No.102　160時間×800円＝128,000円

　　　　　〃　　　No.103　140時間×800円＝112,000円

（2）組立部門からの製造間接費配賦額の計算

　　　製造指図書No.101　　80時間×600円＝　48,000円

　　　　　〃　　　No.102　110時間×600円＝　66,000円

　　　　　〃　　　No.103　100時間×600円＝　60,000円

（3）各製造指図書に配賦される製造間接費の合計額

　　　製造指図書No.101　　96,000円＋48,000円＝144,000円

　　　　　〃　　　No.102　128,000円＋66,000円＝194,000円

　　　　　〃　　　No.103　112,000円＋60,000円＝172,000円

問題
63
解答

正　解　　ウ

ポイント　　個別原価計算における製造原価の計算に関する理解を問う。

解　説

（1）作業くずの評価額の計算

　　　作業くずの見積売却価額：200kg×200円＝40,000円

　　　作業くずの評価額：見積売却価額40,000円－見積販売費及び一般管理費

5,000円＝35,000円

　　作業くずの評価額は、製造指図書No.102の直接材料費から控除する。

（2）製造原価の計算

　　（直接材料費820,000円－作業くずの評価額35,000円）＋直接労務費1,000,000円＋直接経費90,000円＋製造間接費194,000円（切削部門128,000円＋組立部門66,000円）＝2,069,000円

製造指図書別原価計算表

費目＼製造指図書No.	No.101	No.102	No.103
月初仕掛品原価	－	－	－
直 接 材 料 費	1,840,000円	785,000円	540,000円
直 接 労 務 費	1,500,000円	1,000,000円	610,000円
直 接 経 費	111,000円	90,000円	88,000円
製 造 間 接 費			
切 削 部 門	96,000円	128,000円	112,000円
組 立 部 門	48,000円	66,000円	60,000円
製 造 原 価	3,595,000円	2,069,000円	1,410,000円
備 考	完成／引渡済	完成／引渡済	完成／未引渡

4●仕損費の計算と処理

テキスト第2編第3章第4節

問題 64 解答

H28後

正　解　ウ

ポイント　仕損費の処理方法に関する理解を問う。

解　説

ア．正しい。

イ．正しい。

ウ．誤り。仕損が異常な状態を原因として発生した場合には、その仕損に関連して発生した費用は異常仕損費であり、非原価項目として処理する。

エ．正しい。

●参考文献

・「原価計算基準」5（二）、35

1●総合原価計算の意義と種類

問題 65 解答

H30前

正解 エ

ポイント 総合原価計算の意義、種類、副産物・作業くず・仕損品の処理に関する理解を問う。

解 説

ア．適切。

イ．適切。

ウ．適切。

エ．不適切。異常仕損費は、非原価項目として処理される。

●参考文献

・「原価計算基準」5、28

問題 66 解答

H28前

正解 ウ

ポイント 総合原価計算の種類に関する理解を問う。

解 説

A．適切。

B．不適切。等級別総合原価計算とは、同一工程において同種製品を連続生産するが、その製品の形状、大きさ、品位等によって等級に区別する場合に適用される総合原価計算をいう。

C．不適切。組別総合原価計算とは、異種の標準規格製品を大量生産する場合に適用される総合原価計算をいう。

D．適切。

B●実際原価計算 ＞ ４●製造原価の製品別計算（総合原価計算）

2●単純総合原価計算 テキスト第2編第4章第2節

問題 67 解答 H29前

（正　解）　ア

（ポイント）　総合原価計算における仕損と減損に関する理解を問う。

（解　説）

ア．不適切。仕損とは、標準規格に合致しない不合格品の発生のことを指す。また減損とは、投入した原材料のうち、製品の加工中に蒸発、粉散、ガス化、煙化等によって減少した部分のことを指す。

イ．適切。

ウ．適切。

エ．適切。

●参考文献

・「原価計算基準」5（二）、27

問題 68 解答 H29後

（正　解）　ウ

（ポイント）　総合原価計算における正常仕損費の処理に関する理解を問う。

（解　説）

１．月末仕掛品原価中の原料費分の計算

$$\frac{72,125円 + 632,000円}{380kg + 50kg} \times 50kg = 81,875円$$

２．月末仕掛品原価中の加工費分の計算

$$\frac{97,100円 + 1,009,600円}{380kg + 50kg \times 4/5} \times 50kg \times 4/5 = 105,400円$$

３．月末仕掛品原価の計算

81,875円＋105,400円＝187,275円

 解答

H29後

正　解　ウ

ポイント　総合原価計算における正常仕損費の処理に関する理解を問う。

解　説

完成品原価の計算

72,125円＋632,000円＋97,100円＋1,009,600円－187,275円（問題68の解答）

＝1,623,550円

問題 70 解答

H29前

正　解　イ

ポイント　先入先出法による月末仕掛品原価の計算についての理解を問う。

解　説

1．月末仕掛品原価中の原料費分の計算

$$\frac{1,381,800円}{200kg－40kg＋50kg}×50kg＝329,000円$$

2．月末仕掛品原価中の加工費分の計算

$$\frac{1,001,000円}{200kg－40kg×1/2＋50kg×4/5}×50kg×4/5＝182,000円$$

3．月末仕掛品原価の計算

329,000円＋182,000円＝511,000円

 解答

H29前

正　解　エ

ポイント　平均法による完成品原価の計算についての理解を問う。

解 説

1. 月末仕掛品原価中の原料費分の計算

$$\frac{243{,}200円 + 1{,}381{,}800円}{200kg + 50kg} \times 50kg = 325{,}000円$$

2. 月末仕掛品原価中の加工費分の計算

$$\frac{79{,}000円 + 1{,}001{,}000円}{200kg + 50kg \times 4/5} \times 50kg \times 4/5 = 180{,}000円$$

3. 月末仕掛品原価の計算

325,000円 + 180,000円 = 505,000円

4. 完成品原価の計算

243,200円 + 1,381,800円 + 79,000円 + 1,001,000円 − 505,000円 = 2,200,000円

問題 **72** 解答　　

正 解　ア

ポイント　総合原価計算における月末仕掛品原価の計算に関する理解を問う問題であるが、これに加えて直接労務費と製造間接費の合計が加工費となることを理解しているかどうかも問う。

解 説

1. 月末仕掛品原価中の直接材料費分の計算

$$\frac{888{,}750円 + 2{,}750{,}000円}{16{,}000kg + 8{,}000kg} \times 8{,}000kg \fallingdotseq 1{,}212{,}917円$$

2. 月末仕掛品原価中の加工費分の計算

$$\frac{1{,}000{,}000円 + 375{,}000円 + 5{,}225{,}000円 + 2{,}256{,}250円}{16{,}000kg + 8{,}000kg \times 0.5} \times 8{,}000kg \times 0.5$$

$$= 1{,}771{,}250円$$

3. 月末仕掛品原価の計算

1,212,917円 + 1,771,250円 = 2,984,167円

問題 **73** 解答

正 解 エ

ポイント 総合原価計算における完成品原価の計算に関する理解を問う。

解 説

・完成品原価の計算

888,750円＋1,000,000円＋375,000円＋2,750,000円＋5,225,000円
＋2,256,250円－2,984,167円（問題72の解答）＝9,510,833円

問題 **74** 解答

正 解 ア

ポイント 総合原価計算における正常仕損費の処理に関する理解を問う。

解 説

・月末仕掛品原価中の原料費分の計算

$$\frac{513,000円}{5,400kg-300kg+540kg+60kg} \times 540kg = 48,600円$$

問題 **75** 解答

正 解 ア

ポイント 総合原価計算における正常仕損費の処理に関する理解を問う。

解 説

・月末仕掛品原価中の加工費分の計算

$$\frac{436,400円}{5,400kg-300kg\times1/2+540kg\times1/3+60kg\times2/5} \times 540kg \times 1/3 \fallingdotseq 14,403円$$

問題
76 解答

正 解　ア

ポイント　総合原価計算における正常減損費及び正常仕損費の処理を含む
異常仕損費中の直接材料費分の計算に関する理解を問う。

解　説

・異常仕損費中の直接材料費分の計算

$$\frac{22,500円+152,500円}{2,650kg+600kg+70kg+80kg+100kg}\times100kg=5,000円$$

問題
77 解答

正 解　ウ

ポイント　総合原価計算における正常減損費、正常仕損費及び異常仕損費
の処理を含む月末仕掛品原価中の直接材料費分の計算に関する理解を問う。

解　説

・月末仕掛品原価中の直接材料費分の計算

$$\frac{22,500円+152,500円-5,000円}{2,650kg+600kg}\times600kg≒31,385円$$

問題
78 解答

正 解　イ

ポイント　単純総合原価計算における正常仕損費の処理に関する理解を問う。

解　説

1．月末仕掛品原価中の原料費分の計算

$$\frac{948,100円}{1,900kg-100kg+100kg+100kg}\times100kg=47,405円$$

2．月末仕掛品原価中の加工費分の計算

$$\frac{1,053,000円}{1,900\text{kg}-100\text{kg}\times0.5+100\text{kg}\times0.4+100\text{kg}\times0.3}\times100\text{kg}\times0.3\fallingdotseq16,453円$$

3．月末仕掛品原価の計算

47,405円＋16,453円＝63,858円

問題79 解答

正解 ウ

ポイント 単純総合原価計算における正常仕損費の処理に関する理解を問う。

解説

・完成品原価の計算

46,000円＋948,100円＋27,420円＋1,053,000円－63,858円（問題78の解答）
　＝2,010,662円

問題80 解答

正解 エ

ポイント 単純総合原価計算における正常仕損費の処理に関する理解を問う。

解説

1．月末仕掛品原価中の原料費分の計算

$$\frac{948,100円}{1,900\text{kg}-100\text{kg}+100\text{kg}}\times100\text{kg}=49,900円$$

2．月末仕掛品原価中の加工費分の計算

$$\frac{1,053,000円}{1,900\text{kg}-100\text{kg}\times0.5+100\text{kg}\times0.3}\times100\text{kg}\times0.3\fallingdotseq16,803円$$

3．月末仕掛品原価の計算

49,900円＋16,803円＝66,703円

B●実際原価計算　＞　4●製造原価の製品別計算（総合原価計算）

3●工程別総合原価計算　テキスト第2編第4章第3節

問題81 解答　H27後

正解　ウ

ポイント　工程別総合原価計算に関する理解を問う。

解説

ア．適切。

イ．適切。

ウ．不適切。非累加法においては、最終完成品が負担する各工程別原価を把握することができる。

エ．適切。

●参考文献

・「原価計算基準」25、26

問題82 解答　

正解　ウ

ポイント　全原価要素工程別総合原価計算（累加法）における第1工程完成品原価の計算に関する理解を問う。

解説

1．月末仕掛品原価中の原料費分の計算

$$\frac{1,428,000円}{11,000kg - 3,000kg + 2,500kg} \times 2,500kg = 340,000円$$

2．月末仕掛品原価中の加工費分の計算

$$\frac{279,560円}{11,000kg - 3,000kg \times 0.3 + 2,500kg \times 0.6} \times 2,500kg \times 0.6 = 36,150円$$

3．完成品原価の計算

$$366,000円 + 1,428,000円 - 340,000円 + 21,300円 + 279,560円 - 36,150円$$
$$= 1,718,710円$$

問題 83 解答

正 解 エ

ポイント 全原価要素工程別総合原価計算（累加法）における第2工程完成品原価中の前工程費分の計算に関する理解を問う。

解 説

1. 月末仕掛品原価中の前工程費分の計算

$$\frac{1,718,710円（問題82の解答）}{10,150kg - 1,250kg + 2,100kg} \times 2,100kg ≒ 328,117円$$

2. 完成品原価中の前工程費分の計算

$$525,300円 + 1,718,710円 - 328,117円 = 1,915,893円$$

問題 84 解答

正 解 エ

ポイント 全原価要素工程別総合原価計算（累加法）における第2工程完成品原価の計算に関する理解を問う。

解 説

1. 月末仕掛品原価中の加工費分の計算

$$\frac{2,683,860円}{10,150kg - 1,250kg \times 0.4 + 2,100kg \times 0.6} \times 2,100kg \times 0.6 = 309,960円$$

2. 完成品原価中の加工費分の計算

$$121,500円 + 2,683,860円 - 309,960円 = 2,495,400円$$

3. 完成品原価の計算

$$1,915,893円（問題83の解答） + 2,495,400円 = 4,411,293円$$

4●組別総合原価計算　　　　　　　　　　　テキスト第2編第4章第4節

問題
85 解答

H28後

正解　エ

ポイント　組別総合原価計算に関する理解を問う。

解説

ア．不適切。組別総合原価計算は、異種の標準規格製品を連続生産する場合に適用される総合原価計算である。

イ．不適切。組別に発生が把握される原価を組直接費という。

ウ．不適切。組別総合原価計算においては、通常、継続製造指図書が発行される。

エ．適切。

問題
86 解答

H30後

正解　ウ

ポイント　組別総合原価計算に関する理解を問う。

解説

1．A製品の月末仕掛品原価中の原料費分の計算

$$\frac{453,600円}{2,600kg-400kg+600kg}×600kg=97,200円$$

2．A製品の当月加工費の計算

予定配賦率1,500円（問題85＜資料＞Cの2）×380時間＝570,000円

3．A製品の月末仕掛品原価中の加工費分の計算

$$\frac{570,000円}{2,600kg-400kg×1/4+600kg×2/5}×600kg×2/5≒49,927円$$

4．A製品の月末仕掛品原価の計算

97,200円＋49,927円＝147,127円

問題 87 解答

H30後

正解　　イ

ポイント　組別総合原価計算に関する理解を問う。

解説

1．B製品の月末仕掛品原価中の原料費分の計算

$$\frac{1,809,000円}{4,300kg - 300kg + 500kg} \times 500kg = 201,000円$$

2．B製品の当月加工費の計算

予定配賦率1,500円（問題85＜資料＞Cの2）×280時間＝420,000円

3．B製品の月末仕掛品原価中の加工費分の計算

$$\frac{420,000円}{4,300kg - 300kg \times 1/3 + 500kg \times 1/2} \times 500kg \times 1/2 \fallingdotseq 23,596円$$

4．B製品の月末仕掛品原価の計算

201,000円＋23,596円＝224,596円

問題 88 解答

H30後

正解　　ウ

ポイント　組別総合原価計算に関する理解を問う。

解説

・B製品の完成品原価の計算

（115,800円＋9,800円）＋（1,809,000円＋420,000円）－224,596円（問題86の解答）

　＝2,130,004円

5●等級別総合原価計算　　　　　　　　テキスト第2編第4章第5節

 解答　

問題89

正　解	エ

ポイント　等級製品・等価係数、等級別総合原価計算の方法に関する理解
を問う。

解　説

A．不適切。同一工程において同種製品を連続生産するが、その製品を形状、
　大きさ、品位等によって等級に区分する場合に適用する。

B．不適切。各等級製品について等価係数を定め、この等価係数に1期間に
　おける生産数量を乗じた積数の比で、1期間の完成品の総合原価を一括的
　に各等級製品に按分する等級別総合原価計算の方法は、単純総合原価計算
　に類似した方法である。

C．適切。

D．適切。

●参考文献
・「原価計算基準」22

問題90 解答　H28前

正　解	ア

ポイント　等級別総合原価計算における等級製品ごとの完成品原価の計算
に関する理解を問う。

解　説

1．月末仕掛品原価中の原料費分の計算

$$\frac{21,360円 + 32,640円}{400個 + 100個} \times 100個 = 10,800円$$

２．月末仕掛品原価中の加工費分の計算

$$\frac{4,320円 + 58,080円}{400個 + 100個 \times 0.8} \times 100個 \times 0.8 = 10,400円$$

３．月末仕掛品原価の計算

10,800円 + 10,400円 = 21,200円

４．完成品原価の計算

$(25,680円 + 90,720円) - 21,200円 = 95,200円$

５．等級製品ごとの完成品原価及び完成品単位原価の計算

製品名	(1) 完成品数量	(2) 等価係数	(3)=(1)×(2) 積数	(4)[※1] 等価比率	(5)[※2] 完成品原価	(6)=(5)÷(1) 完成品単位原価
A級品	80個	1	80	0.27	25,704円	321円
B級品	200個	0.8	160	0.53	50,456円	252円
C級品	120個	0.5	60	0.20	19,040円	159円
	400個		300		95,200円	

※１　(4) = 各等級製品の積数 ÷ 300

※２　(5) = 95,200円 × (4)の各等級製品の等価比率

● 参考文献

・「原価計算基準」22（一）

B●実際原価計算　＞　4●製造原価の製品別計算（総合原価計算）

6●連産品の原価計算　　　　　　　テキスト第2編第4章第6節

問題 **91** 解答　　　　　　　　　　　　　　　　　　**H29前**

正　解　　イ

ポイント　連結原価の各連産品への配賦に関する理解を問う。

解　説

(1) 分離点における正常市価の計算

製品O　320円 － 80円 = 240円

製品P　580円 － 120円 = 460円

製品Q　230円 － 10円 = 220円

(2) 正常販売金額の計算

製品O　29,600kg × 240円 = 7,104,000円

製品P　8,600kg × 460円 = 3,956,000円

製品Q　11,800kg × 220円 = 2,596,000円

合計　7,104,000円 + 3,956,000円 + 2,596,000円 = 13,656,000円

(3) 連結原価の計算

7,470,100円 + 2,089,100円 = 9,559,200円

(4) 各連産品への連結原価の配賦

製品O　$9,559,200円 \times \dfrac{7,104,000円}{13,656,000円} = 4,972,800円$

製品P　$9,559,200円 \times \dfrac{3,956,000円}{13,656,000円} = 2,769,200円$

製品Q　$9,559,200円 \times \dfrac{2,596,000円}{13,656,000円} = 1,817,200円$

●参考文献

・「原価計算基準」29

正　解　　エ

ポイント　　連産品及び副産物の意義と副産物の処理に関する理解を問う。

解　説

　同一工程において同一原料から必然的に生産される異種の製品であって、相互に重要な経済的価値を有するものを（A：連産品）といい、また、経済的価値が相対的に低いものを（B：副産物）という。（A：連産品）を生産する過程で（B：副産物）が発生する場合には、その価額を算定して、（A：連産品）の（C：連結原価）から控除する。

1●原価差異の算定　　　　　　　　　　　　　　テキスト第2編第5章第1節

問題
93 解答　　　　　　　　　　　　　　　　　　H30前

正 解　イ

ポイント　製造間接費配賦差異の計算に関する理解を問う。

解 説

(1) 製造間接費の予定配賦率の計算

2,160,000円÷8,640時間＝@250円

(2) 当月の製造間費予定配賦額の計算

@250円×800時間＝200,000円

(3) 当月の製造間接費配賦差異の計算

200,000円－189,000円＝11,000円（有利差異）

問題
94 解答　　　　　　　　　　　　　　　　　　H28後

正 解　ウ

ポイント　材料消費価格差異の計算に関する理解を問う。

解 説

(1) 実際消費数量の計算

300個＋20個＝320個

(2) 材料消費価格差異の計算

（@200円－@205円）×320個＝－1,600円（不利差異）

問題
95 解答　　　　　　　　　　　　　　　　　　H25前

正 解　ウ

ポイント　賃率差異の計算に関する理解を問う。

解　説

（1）総作業時間の計算

580時間＋120時間＝700時間

（2）実際賃率の計算

875,000円÷700時間＝1,250円／時間

（3）賃率差異の計算

（1,200円／時間－1,250円／時間）×700時間＝－35,000円（不利差異）

2●原価差異の会計処理　　　　テキスト第2編第5章第2節

問題 **96** 解答　　　　　　　　　　　　H30前

正 解　　イ

ポイント　　実際原価計算制度における原価差異の算定と会計処理に関する理解を問う。

解 説

ア．正しい。

イ．誤り。材料受入価格差異は、当年度の材料の払出高と期末在高に配賦する。

ウ．正しい。

エ．正しい。

●参考文献

・「原価計算基準」45、47（一）

問題 **97** 解答　　　　　　　　　　　　H27前

正 解　　エ

ポイント　　実際総合原価計算において比較的多額の原価差異が生ずる場合の処理方法についての理解を問う。

解 説

ア．不適切。少額の原価差異の場合、材料受入価格差異を除き、原則としてこの処理方法による。

イ．不適切。材料受入価格差異の処理方法である。

ウ．不適切。個別原価計算の場合における原価差異の処理方法の1つである。

エ．適切。

●参考文献
・「原価計算基準」47（一）

B●実際原価計算 ＞ 6●営業費計算

1●営業費の意義　　テキスト第2編第6章第1節

問題
98 解答　　H29前

正　解　　エ

ポイント　　営業費に関する理解を問う。

解　説

ア．不適切。営業費は、一般に販売費及び一般管理費からなる。

イ．不適切。営業費の計算目的は、財務諸表作成目的及び経営管理目的に大別される。

ウ．不適切。営業費は、通常、期間原価として処理される。

エ．適切。

●参考文献

・「原価計算基準」37

2●営業費の分類と計算　テキスト第2編第6章第2節

解答

H29後

正　解　エ

ポイント　営業費の分類についての理解を問う。

解　説

ア．適切。

イ．適切。

ウ．適切。

エ．不適切。固定費と変動費の分類によると、一般に製造原価よりも、特に一般管理費において固定費の割合が高い。

100 解答

H27前

正　解　ウ

ポイント　営業費の計算に関する理解を問う。

解　説

　販売費及び一般管理費の計算では、原則として形態別分類を基礎とし、これを（A：直接費）と（B：間接費）とに大別し、さらに、必要に応じ機能別分類を加味して分類し、一定期間の発生額を計算する。その計算は、製造原価の（C：費目別）計算に準ずる。

●参考文献

・「原価計算基準」38

●編著
ビジネス・キャリア®検定試験研究会

●全体監修
山田　庫平
明治大学 名誉教授

●監修
＜簿記・財務諸表＞
濱本　明
日本大学 商学部 教授

藤井　誠
日本大学 商学部 教授

＜原価計算＞
吉村　聡
流通経済大学 経済学部 教授

・本書掲載の試験問題及び解答の内容についてのお問い合わせには、一切応じられませんのでご了承ください。
・その他についてのお問い合わせは、電話ではお受けしておりません。お問い合わせの場合は、内容、住所、氏名、電話番号、メールアドレス等を明記のうえ、郵送、FAX、メールにてお送りください。
・試験問題については、都合により一部編集しているものがあります。

ビジネス・キャリア®検定試験過去問題集　解説付き
経理　3級

初版1刷——— 令和2年12月

編著————— ビジネス・キャリア®検定試験研究会
全体監修——— 山田　庫平
監修————— 濱本　明・藤井　誠・吉村　聡
発行————— 一般社団法人 雇用問題研究会

〒103-0002　東京都中央区日本橋馬喰町1-14-5　日本橋Kビル2階
TEL　03-5651-7071
FAX　03-5651-7077
URL　http://www.koyoerc.or.jp

ISBN978-4-87563-711-0

本書の内容を無断で複写、転載することは、著作権法上での例外を除き、禁じられています。また、本書を代行業者等の第三者に依頼してスキャンやデジタル化することは、著作権法上認められておりません。